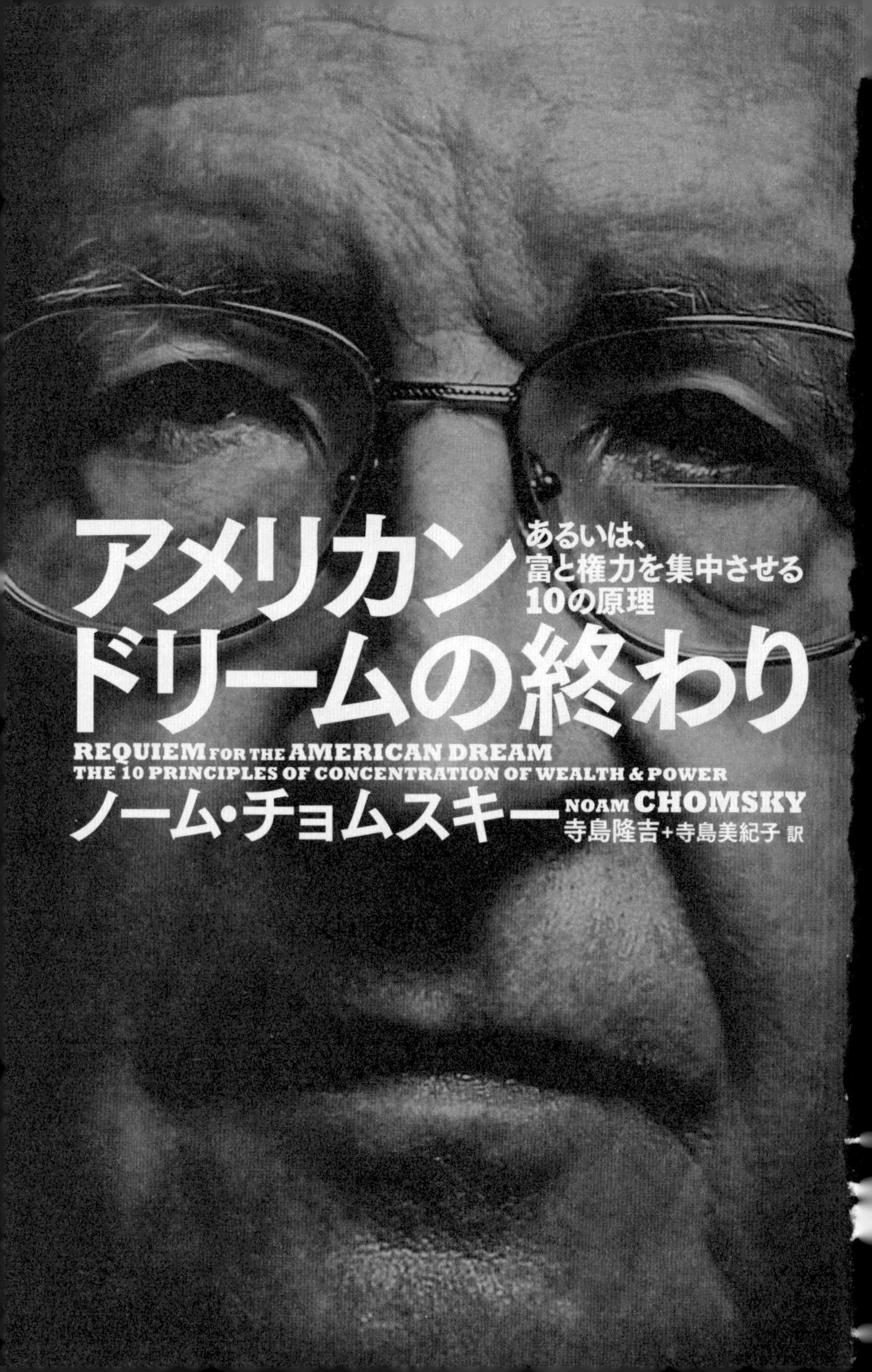

アメリカンドリームの終わり

あるいは、
富と権力を集中させる
10の原理

REQUIEM FOR THE AMERICAN DREAM
THE 10 PRINCIPLES OF CONCENTRATION OF WEALTH & POWER

ノーム・チョムスキー NOAM CHOMSKY
寺島隆吉+寺島美紀子 訳

アメリカンドリームはどこに？

わたしは年をとっているからよく覚えていますが、あの一九三〇年代の大恐慌当時の人びとの気分・感情は、現在よりもはるかにひどいものでした。けれども、わたしたちの気持ちのなかには、いつかこの大恐慌から抜け出すだろうという希望がありました。状況は必ずもっとよくなると、みんな思っていたのです。「今日は仕事がないかもしれないが、明日には仕事があるだろう、だから力を合わせていっしょに働いて、もっと明るい未来をつくりだすことができる」という希望です。

当時はたくさんの急進的な政治運動がさまざまに展開されていた時代で、それが、いまとは違う未来につながるという希望を生み出していました。それは、より多くの正義と平等と自由を求め、そして圧政的な階級構造を壊そうとする運動でした。民衆の気持ちのなかには、まさに「この運動は必ず、なんらかの成果を生み出すだろう」という一般的な感情がありました。たとえば、わたしの家族のほとんどは労働者階級でかつ失業していました。組合運動の盛り上がりは、希望と楽天的気分の反映であると同時に、源でもありました。

ところが、現在、そのようなものはまったく消えてしまって見当たりません。いま人びとのなかに広がっているのは、「もう何も戻ってこない、すべては終わった」という感情です。

ほとんどの夢と同じように、「アメリカンドリーム」は大きないくつかの神話を身にまとっています。たとえば、一九世紀の夢のひとつは、小説家ホレイシオ・アルジャーが描いた主人公の物語でした。「俺たちは、いまは汚らしくって貧しいけれど、一生懸命がんばれば必ず出口が見つかる」という物語です。それは一定程度、真実でした。

たとえば、わたしの父は一九一三年に東ヨーロッパの非常に貧しい村から移住してきました。けれども、いまならブラック企業とされるようなバルティモアの工場でなんとか仕事を手に入れることができました。労働環境はほんとうにひどいものでしたが、仕事を続けることができ、大学を卒業することもでき、ついには博士号すらも手に入れることができました。こうしてわたしの父は、いわゆる中産階級としての生活様式をまっとうすることができたのです。他の多くの人も同様でした。

こうして当時、ヨーロッパからの移民は、一定程度の富と権利と自由と独立を達成することができました。それは、移民たちにとって、祖国にいる限り想像すらできないことでした。

しかし、そのような夢は現在のアメリカでは通用しません。いまや、社会的地位が上昇する可能性は、ヨーロッパと比べても、ぐっと低くなっています。にもかかわらず、アメリカンドリームという夢だけは、いまだに残っています。権力による宣伝・扇動がそのような夢をつくりだしているからです。

たとえば、選挙になれば必ず「わたしに投票してください、アメリカンドリームを取り戻します」という演説を聞かされます。かれらはみな同じことを、同じ言い回しで、繰り返します。ひどいときには、その夢を破壊している当人から、そんな演説を聞かされることもあります。

政治家本人が自覚しているかどうかはともかくとして、そうした夢は維持されなければならないのです。さもなければ、どうして民衆の心をつかむことができるでしょう。世界史上、もっとも豊かで、もっとも強力で、しかも他の国にはない並外れた利点をもつ国のなかにいるはずなのに、周りを見れば、恐ろしい厳しい現実が渦巻いているのですから。

富の不平等は、過去に例がないほどひどくなっています。不平等の全体を数字で見れば、アメリカ史のなかで最悪の時期に近いものです。しかし、この不平等をより詳しく見てみると、その不平等は一部の極端な富の偏在に由来するものです。人口のほんの一部の人たち、一％のさらに一〇分の一の人たちが、豊かな富を占有しているのです。

似たような時期は過去にもなかったわけではありません。たとえば、一八九〇年代までの「金ピカ時代」や一九二〇年代の「狂騒の二〇年」などです。そのときの状況は現在と非常に近いものでした。けれども、いまのアメリカはそれをはるかに超えるものになっています。富の分配の不平等は、超富裕層（人口の〇・一％）という大金持ちに起因しているのです。

これは最近三〇年間の社会政策・経済政策の変化がもたらしたものです。ちょっと調べてみればわかることですが、この三〇年の間に、国の政策は民衆の意思に反するものにつくりかえられ、大金持ちに巨大な利益をもたらすものになってきました。国民の大部分にとって、この三〇年間の実質所得は、ほとんど上昇していないどころか、沈滞しています。中産階級は政府から猛攻撃を受けているわけです。ただし、この中産階級という用語は、アメリカ独特の用語であって、他の国ではあまり見られないものです。

アメリカンドリームの重要な部分は、階級の移動性です。貧乏な家に生まれても刻苦勉励《こっくべんれい》すれば豊かになれる、というものです。すべての人がきちんとした仕事を手に入れることができ、家を買うことができ、車を手に入れることができ、子どもを学校に行かせることができる、というものです。

けれどもいまや、そのすべてが崩壊してしまっているのです。

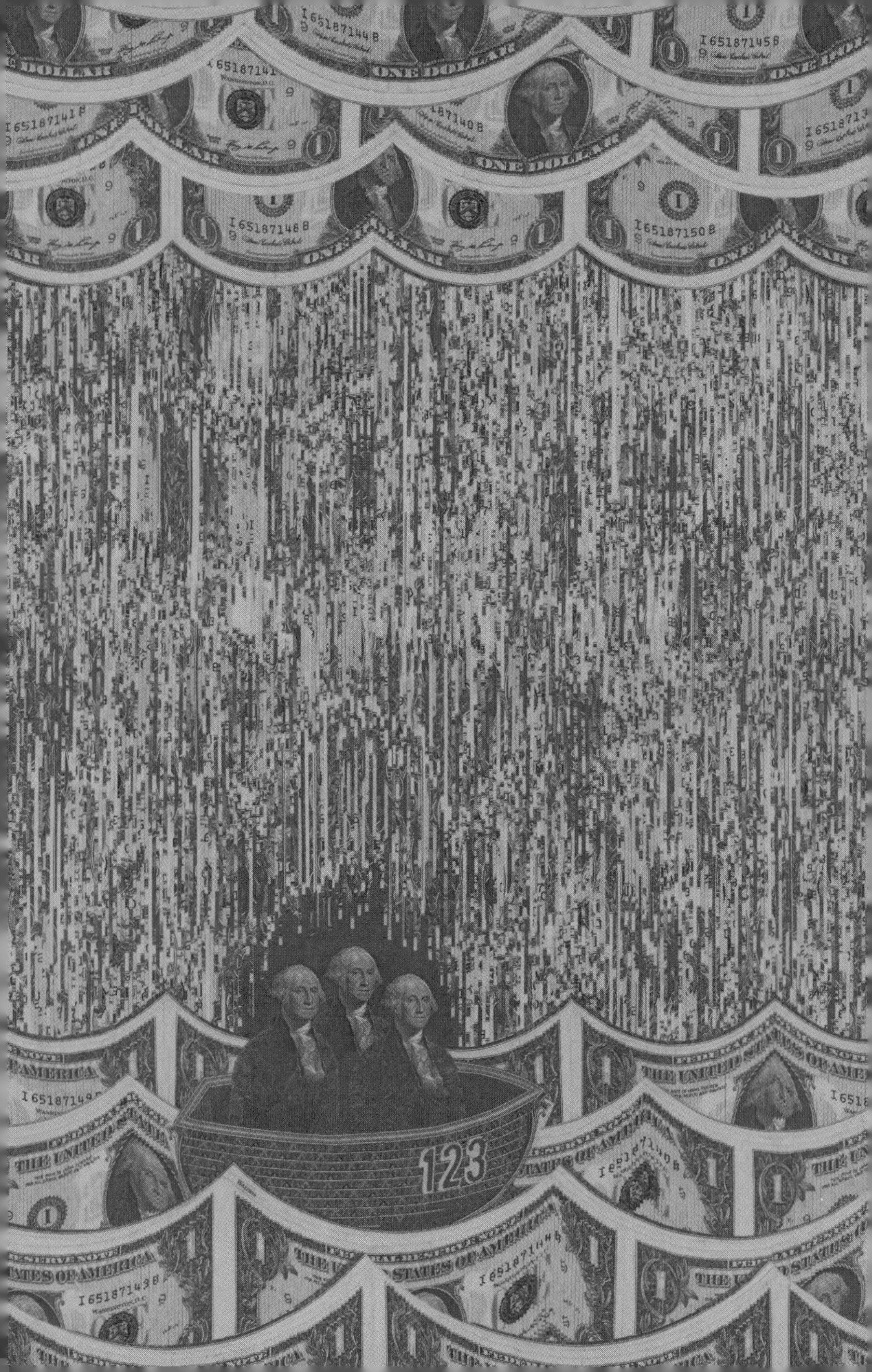

ONE DOLLAR
I65187145B
I65187148B
I65187150B
123

目次

原理 1

民主主義を減らす 023

原理 8

民衆を家畜化して整列させる 197

原理 9

合意を捏造《ねつぞう》する 225

「統治者としての資質とは、大衆の習慣や意見を意識的かつ合理的に操作できる能力である」 エドワード・バーネイズ『プロパガンダ』一九二八年 242

「女性へのタバコ販売戦略：社会的タブーから〝自由のかがり火〟へ」 アマンダ・エイモス&マーガレサ・ハグルンド 二〇〇〇年 244

「子どもたちを〝代理セールスマン〟にする」 エリック・シュローサー『ファストフードが世界を食いつくす：アメリカ流食事の暗部』二〇〇一年 245

『解放奴隷の借金労働を倍増せよ：アメリカ南部における囚人的労働の政治経済学』 アレックス・リキテンスタイン 一九九六年 247

「オバマ勝利！ アドエイジ誌の〝今年の最優秀賞〟」『アドバタイジング・エイジ』誌 マシュー・クリーマー 二〇〇八年一〇月一七日 248

原理 10

民衆を孤立させ、周辺化させる

「アメリカの政治理論を検証する：エリート、利益集団、一般市民」 マーティン・ギレンズ&ベンジャミン・I・ページ 二〇一四年 277

「政治は大企業によって社会に投げかけられた影である」『ジョン・デューイの後期論文集 一九二五～一九五三年』第六巻

THE UNITED STATES OF AMERICA
ONE DOLLAR
B 31509141 K
B 31509165 K

富と権力を集中させる原理

ちょっとアメリカの社会を見てみましょう。そのために、火星から地球を見下ろしていると想像してください。何が見えるでしょうか。

アメリカには、民主主義という公言された価値観があります。つまり世論が政府の政策に影響を与えることになっています。政府は民衆によって決定された政策を実行するわけです。それが民主主義の意味です。

ここで重要なことは、特権階級や権力層が決して民主主義を好んだことはない、ということです。それには十分な理由があります。民主主義は民衆の手に権力を委ねるものだからです。逆に言えば、特権階級から権力を奪うものです。だからこそ富裕層は民主主義を嫌います。それが、富と権力を集中させる基本原理です。

富と権力の悪循環

富の集中は権力の集中をもたらします。とくに選挙費用が現在のように鰻上《うなぎのぼ》りであるときはなおさらです。というのは、そのことが政党をますます大企業の財源に頼るように追い込んでいくからです。

そして、大企業による政治的な力は、すばやく法律に反映されます。それがいっそう富の集中をもたらします。だから、財政政策、たとえば税務政策、規制緩和、企業統治の規則など、すべてのさまざまな政策的な法律は、富と権力の集中が増大するように立法化され、それがますます大企業の政治的権力を強大化します。

そして、その増大した政治的権力がまた同じサイクルを繰り返し……これがいま、わたしたちの目の前で展開されていることです。この国ではこのような「悪循環」がまさに進行中なのです。

下劣で恥ずべき行動原理

要するに、富裕層は常に国の政策に対して、あり余るほどの支配力を行使してきたのです。事実、そのようなことは、もう数世紀前から始まっています。それは非常に古い伝統をもつもので、すでにアダム・スミスは一七七六年に、そのことを著書で述べています。かれの有名な著書『国富論』*がそれです。

かれがそこで述べているのは、イギリスにおける政策の基本的な立案者は、当時のイギリスで「社会を所有している人たち」だった、ということです。つまり、「商人や製造業者たち」です。かれらがそこで念頭に置いていたのは、自分たちの所有する権益が十分に保護されることを確実にする、ということでした。そのことがイギリスや他の国の人びとに、いかに悲惨で悲しむべき結果をもたらそうが、そんなことはかれらの眼中にはなかったのです。

今日のアメリカで、「社会を所有している人たち」は、もはや商人や製造業者ではありません。金融界や多国籍企業です。アダム・スミスが「人類のご主人た

*『国富論』
原書の題名『諸国民の富、その本質と源泉への探求』(An Inquiry into the Nature and Causes of the Wealth of Nations)は、一七七六年に出版されたアダム・スミスの著作である。日本では『国富論』という訳書名で流布されている。

ち」と呼んだこれらの人たちは、かれの言う「下劣で恥ずべき」行動原理に従っています。すなわち、自分たちだけの利益を増やし、他のすべての人たちに被害を与える政策を追求しようとしています。「すべては自分のためであり、他の人を考慮する必要は一切なし」という行動原理です。

このかなり一般化された政治の原則は、アメリカでは十分に研究され、その蓄積もあります。ところが不思議なことに、そのような政策に従う者がますます増える一方で、民衆からのそれらに対する反撃・抗議は、この三〇年間、ほとんどありませんでした。とはいえ、それは十分に予想されたことだったのです。

FIG. 57
WASHINGTON,D.C.

原理

1 民主主義を減らす

アメリカの歴史を見てみれば、一貫して、衝突が続いてきたことがわかります。いっそうの自由と民主主義を求める下からの圧力と、特権階級の支配と統制を強めようとする上からの圧力との衝突です。それはアメリカの建国そのものにまでさかのぼることができます。

富裕層という少数者

第四代大統領ジェイムズ・マディソンは、合州国憲法の基本的枠組みをつくった人です。かれは、その当時のほとんどの人と同じように、民主主義の信奉者でした。にもかかわらず、かれは合州国の制度は富裕層の手で設計されるべきだと考えていました。なぜなら富裕層こそ、一般人よりもはるかに責任感の強い人たちであり、一部地域の小さな利益だけではなく、もっと大きな公益を念頭に置いて物事を考える人たちだ、と考えたからです。だから、権力は富裕層の手にあるべきだと。そして実際、かれが先頭に立って、合州国の制度は設計されました。したがって憲法上の構造は、もっとも大きな権力を上院の手に委ねるよう設計されました。その当時の上院は選挙で選ばれるものではなかった、ということを思い起こしてください。

実際、約一世紀前まで、上院議員は選挙ではなく、立法府によって選ばれ、任期は長く、かつ富裕層のなかから選ばれていました。かれらは一般人よりも責任感の強い人たちだと思われていたからです。マディソンも書いているように、上院議員は有産階級やかれらの権利に共感をもつ人たちであり、かれらの権利は、なんとしても保護されなければならないものだったのです。

上院は権力の大半を握っていました。それは同時に、民衆からもっとも遠い存在でもありました。より民衆に近い存在である下院は、はるかに弱い役割しか与えられませんでした。政策の実行者である大統領は、当時は一種の実務責任者に近く、外交政策その他に関して、それほど大きな責任を負っていませんでした。それが現在と大きく違っている点です。

ところで、ここに大きな問題が出てきました。どの程度、民衆に真の民主主義を許すべきか、という問題です。マディソンはこの点についてかなり真剣に論じています。しかしそれは、有名な『ザ・フェデラリスト（連邦主義者）』という論文集のなかでではありません。それは一種の宣伝文書だったからです。かれがこの問題を詳しく論じたのは、「合州国憲法制定会議」の議論のなかにおいてでした。そこでは、今日の目で見ると、きわめて興味深い論点が展開されています。

その憲法制定会議の議事録を読めばわかるように、マディソンは、「社会のもっとも大きな関心事は、それがまともな社会であればなおさらだが、富裕層という少数者を大多数の民衆からいかに守るか」でなければならない、と言っているのです。この「富裕層という少数者を大多数の民衆からいかに守るか」という言い回しは、わたしの言葉ではなく、議事録から引用したマディソン自身の言葉です。かれは憲法制定会議でそのような議論を展開していたのです。

かれが頭のなかに描いていたモデルは、もちろんイギリスであり、それは当時の世界で、もっとも進んだ国でした。だからかれがモデルに描いていたのも、その当時のイギリスの政界でした。

「富裕な少数者を保護するよう構成されるべきだ」
フィラデルフィア憲法制定会議における秘密の議事録と討論
ジェイムズ・マディソン　一七八七年
▼37ページ参照

かれはまた、その議事録のなかで次のようにも言っています。

「イギリスですべての人に自由な選挙権を与えたとしよう。そうすると貧しい民衆たちは寄り集まって組織化し、富裕層の財産を奪ってしまうだろう。たとえば、かれらは今日のわたしたちが農地改革と呼んでいるものを遂行し、大地主の土地を分割し、農村社会から成っている国家を破壊して、自分たち自身に土地を与えるだろう。かつて〝囲い込み制度〟によって土地を奪われ、自分の住処《すみか》から追い払われた農民たちが、その土地を奪い返すことになるだろう。つまり、かれら貧しい民衆は、以前は農民たちの共同所有だったものを取り戻すために投票することになる」

さらに、次のようにも言っています。

「それは明らかに不正なことだ。そんなことは許すわけにはいかない。したがって、憲法制度は民主主義を阻止するためにこそ設定されねばならない。しばしば言われているように、民主主義は〝多数による暴政〟になるからだ。だから憲法は、豊かな少数者の財産が侵害されないよう保障するべきものなのだ」

これがマディソンの構想する憲法制度の構造であり、それは民主主義の危険を防ぐものとして設計されたものでした。

もちろん、マディソンの弁護のためにひとことだけ言っておくと、かれは前資本主義者（プレ・キャピタリスト）だったのです。かれが念頭に置いていた富裕層というのは、神話にあるローマの騎士のようなもので、知恵のある貴族階級、邪心のない人物だったのです。かれらはすべての者の福祉のために自らを捧げる存在だ、というわけです。

たしかにこれはひとつの考え方でした。と同時に、それは一般的にかなり広く知られていた考え方でもありました。それは、マディソンの構想する憲法制度が、憲法制定会議の議論のなかでみなに受け入れられ、そのとおりに実施されることになった、という事実からもわかります。

もうひとつ言っておかなければならないのは、一七九〇年代に至る前に、マディソンはすでに、自分がつくった憲法制度が歪《ゆが》められていることに強い非難の声を上げていた、ということです。というのは、憲法を引き継いだ株式仲買人や他の投機家たちが、自分たちの利益のために、ローマの騎士の精神を破壊していたからです。

貴族政体論者と民主政体論者

その当時、もうひとつの民主主義像がありました。それは当時の民主主義論を先導する理論家であったジェファソン（第三代大統領）によって描かれています。それは、かれの政治活動においてというより、かれの語りというかたちで表明されています。

そのなかで、かれは、かれの言う貴族政体論と民主政体論の区別をし、これをかなり雄弁に論じています。かれによれば、基本的に貴族政体論者の考えとは、権力はとりわけ特別な階級、すなわち優れた特権階級に与えられるべきだ、かれらは正しい決断をし、正しいことを成すだろうから、というものです。他方、民主政体論者は、権力は民衆の手に委ねられるべきだ、と主張します。なぜなら、究極的には民衆こそ集団的英知の源であり、だからこそ政策の決定ができ、賢明な行動ができるからだ、したがって、富裕層がその政策決定を好きであろうがなかろうが、それが支持すべきものとなるのだ、というわけです。

ジェファソンは貴族政体論ではなく民主政体論を支持していました。ジェファ

「民衆に対する二つの態度」
ウィリアム・ショートへの手紙
トマス・ジェファソン　一八二五年一月八日
▼39ページ参照

ソンはいわばマディソン流の考え方とは正反対だったのです。とはいえ、すでに述べたように、合州国の憲法体制がどこに行き着くのかをマディソンが理解するのにたいして時間はかかりませんでしたが……。そして、このような分裂・対立が一貫してアメリカ史のなかを貫き、現在に至っているのです。

不平等を減らす二つの方法

ここで興味深いのは、こうした議論は、ヨーロッパでもかなり古くからおこなわれてきた伝統的なものだということです。それは、古代ギリシャにおける政治学の著作にまでさかのぼることができます。

政治制度に関する最初の重要な文献はアリストテレスの『政治学』です。これは長大な研究で、政治制度のさまざまな違いを探究したものでした。かれはその著書で、結局、それら政治制度のなかでも最良のものは民主主義だと結論づけています。しかし同時にかれは、マディソンが指摘した民主主義の欠点についても、正しく指摘しています。

とはいえ、アリストテレスが念頭に置いていたのは、今日で言う国家のことで

「民主制と寡頭《かとう》制を分けるもの」
アリストテレスの『政治学』
第三巻　第八章
▼40ページ参照

はなく、アテネの都市国家でした。しかも、アテネの民主主義は自由民についてであり、奴隷は視野に入っていない、ということも留意すべき点でしょう。しかし同じことは、マディソンについても言えます。マディソンの頭にあったのも、やはり自由民のことであり、奴隷はもちろん、女性のことも視野から抜け落ちていました。

アリストテレスはすでに、のちのマディソンが考えたのと同じことを考えていました。すなわち、もしアテネが自由民のための民主主義国家であるならば、貧しい自由民はともに力を合わせて豊かな人たちの財産を奪っていくであろうというのです。これはマディソンの指摘していたのと同じ矛盾です。しかし、アリストテレスはまったく逆の解決方法をもっていました。

マディソンの解決方法は、民主主義の機能を麻痺させることでした。すなわち権力が富裕層の手に行き渡るように政治制度を組織化すること、と同時に、民衆をあらゆるやり方で分断・解体させることでした。そうすれば、民衆は寄り集まって組織をつくることができず、したがって富裕層から権利を奪うこともできなくなるからです。

これに対し、アリストテレスの解決法は、それとは正反対のものでした。かれが提案したのは、現在のわたしたちの言葉で言えば、福祉国家をつくることでした。そうすれば「不平等を減少させる」ことができるからです。たとえば、公営の食堂やその他の施策で不平等を減らすのです。これは当時の都市国家には非常に適したものでした。

つまり同じ問題に対してまったく違った解決方法が提案されていたわけです。一方は不平等を減らすことによって、他方は民主主義を減らすことによって、この問題を解消しようというものでした。このような対立する考え方のなかで、わたしたちアメリカは建国の基礎を築いたのです。

不平等は多くの結果をもたらします。それは、単にそれ自体がきわめて不正だというだけではなくて、社会全体にとって非常に否定的な結果をもたらします。たとえば健康のような問題についてもそうです。これに関しては、さまざまな素晴らしい研究がありますが、そのひとつはリチャード・ウィルキンソンとその共著者によるもので*、それによれば、その社会が豊かであるか貧困であるかにかかわらず、社会が不平等になればなるほど、国民の健康に深刻な悪影響がもたらさ

「民主主義の発達不全をもたらすもの」
アリストテレス『政治学』第六巻　第五章
▼41ページ参照

＊リチャード・ウィルキンソンとその共著者によるもの
イギリスの経済学者ウィルキンソンは、ケイト・ピケットとの共著で、The Spirit Level: Why More Equal Societies Almost Always Do Better を著した。この本の訳書は、『平等社会――経済成長に代わる、次の目標』（東洋経済新報社、二〇一〇）という題名で出版されている。

れる、とされました。富裕層にすら、その影響が出てくるというのです。というのは、不平等という事実そのものが、人びとの社会的な人間関係も、意識も、生活全般もむしばんでいくからです。結局、あらゆる種類の否定的な影響が、不平等から生まれてきていたのです。

これらのことは克服されねばなりません。アリストテレスは正しかったのです。かれの言うとおり、民主主義の矛盾を克服する方法は、不平等を減らすことであって、民主主義を減らすことではありません。

アメリカ社会の罪

アメリカの初期には、無限の未来が開けているように見えました。富も、自由も、成功も、国力も、すべてが増えていく一方のように見えました。ただしそれは、その裏に潜む犠牲者に注意を払わない限り、という限定つきでしたが。

アメリカ社会は基本的には入植者・植民者による社会でした。それは帝国主義のもっとも残酷な形態でした。かれらは次のような事実に目をふさぐ必要がありました。すなわち、先住民を大虐殺することによって豊かで自由な生活を手に入れた、という事実です。これはアメリカ社会の最初の大きな原罪でした。

そして二番目が、アメリカ社会を構成していたもうひとつの人たちである大量の奴隷の存在です。いまだにわたしたちは、この二つの原罪*とその深刻な影響を抱えながら生きているのです。

そして三番目に見落とされがちなのは、国内における深刻な労働者の搾取と、海外における侵略・征服などです。

これらの詳細に目をふさぎさえすれば、一定程度わたしたちの理想とすべきものが浮かび上がってきます。そこで、もち上がってくる大きな問題のひとつは、真の民主主義をどの程度許すか、ということでした。

憲法が制定されたころに立ち戻ってみれば、つまり一八世紀の後半、どのように新しい社会を組織化し建設すべきかという点で、さまざまな意見の対立がありました。そのなかで、もっとも決定的な要素であり、忘れてはならないのは、奴隷州のもたらす圧倒的な影響でした。実際、アメリカ独立戦争の重要な要因になったのは奴隷制度だったのです。

イギリスの裁判所は一七七〇年までにはすでに、奴隷制度は非道徳的であり許

***二つの原罪**
先住民＝アメリカインディアンの殺戮と大量の黒人奴隷の存在を指す。大量の黒人奴隷が必要になったのは、まず中米の先住民が殺し尽くされて、奴隷として使うべき先住民が圧倒的にいなくなったからである。そこで代わりの奴隷として、アフリカから大量の黒人がアメリカに強制連行されることになった。『肉声でつづる民衆のアメリカ史』（明石書店）上巻を参照。

されるべきではない、という判決を出していました。そのような判決のなかでもとりわけ有名なのがマンスフィールド卿によるものです。アメリカの奴隷所有者は、この流れが必ずやアメリカにも及んでくるだろうと予測していました。アメリカが植民地というかたちでイギリスの支配下にある限り、遅かれ早かれ奴隷制は非合法化されるだろうと。実際いくつもの証拠が示すとおり、イギリスによる判決は、のちのアメリカにおける奴隷蜂起のひとつの大きな要因になりました。

「原告サマーセット　被告スチュワート」
イギリス高等法院王座部、マンスフィールド卿の裁定
一七七二年五月一四日
▼42ページ参照

そのころ、バージニア州を筆頭に奴隷諸州は、憲法制定会議で非常に大きな影響力をもっていました。他方、アメリカの北東部では奴隷制度に反対する運動が始まっていましたが、その勢力は小さなものでした。奴隷所有を認める憲法は、こうした当時の状況を反映したものだったのです。

対抗する二つの流れ

合州国の歴史を眺めてみれば、それは二つの勢力の途切れることのない闘争であったことがわかるでしょう。一方は、民主化しようとする流れであり、主として一般民衆の下からの圧力として表れてきます。それは多くの勝利を勝ち取って

きました。たとえば、女性は人口の半分ですが、一九二〇年代になって投票権を得ることができました。ただし、それについてわたしたちはあまり誇りに思うべきではないでしょう。というのは、女性の選挙権は、ほとんど同じ時期にアフガニスタン*でも、劇的なかたちで進歩が勝ち取られていたからです。

奴隷は、南北戦争のあと、表向きには解放されていることになっていましたが、現実は違っていました。実際かれらは一九六〇年代まで「正式な」自由を手にしていませんでした。しかも、六〇年代に自由を得たときでさえ、多くの制約がありました。現在のアメリカ社会のなかにも奴隷制度の実質的な残滓《ざんし》を具体的にいくつも見ることができます。

それはともかくとして、現在の制度では、財産の有無による選挙権や投票権の制限はほとんどありません。次に人びとが手にしたのは、真剣に組合の組織化に取り組み、それに成功しはじめたことでした。事実、それは多くの勝利をもたらしました。

こうしてわたしたちは、いまだに絶えざる闘争の渦中にいるわけです。あるときは後退し、あるときは前進、この繰り返しです。たとえば、一九六〇年代は民

*アフガニスタン女性の選挙権
一九一九年に第三次アフガン戦争に勝利したアマーヌッラー・ハーンはイギリスからの独立を達成し、独立した君主として即位した。アマーヌッラーは、トルコ共和国の新指導者ケマル・アタテュルクの世俗主義、民族主義、共和主義を柱とする改革に影響され、同様の改革を推進した。しかし一九二九年、イギリスはタジク人指導者に金と武器を支援し、アマーヌッラー政権を打倒した。こうして一九二〇年代のアフガニスタン改革は未完に終わった。

主化が巨大な前進を遂げた時期でした。それまで受け身的で無感動であった民衆のなかで、さまざまな組織化が進み、みなが活動的になり、自分たちの要求を権力に強くつきつけるようになりはじめたのです。

民衆はますます政策決定に関わり、活動的になっていきました。それはアメリカ社会にとって一種の文明開化の時代であり、だからこそ逆に支配層からは「苦難と動乱の時代である」と呼ばれるようになったのです。

その時代、多くの点でアメリカ人の意識は変わっていきました。たとえば、少数者の権利、女性の権利、環境に対する配慮、他国侵略に対する反対運動、他者への配慮や思いやりなど。これらはすべて、アメリカの文明化に大きな効果をもたらしました。

けれども、それは支配層に大きな恐怖を呼び起こすものでした。わたしは、このような恐怖感を予想していませんでした。ほんとうは予想してしかるべきだったのでしょうが。

このような事態に対処することに慣れていた経済界は、懐柔《かいじゅう》の技術や巻き返しの技術で反撃しはじめます。その反撃の力は、わたしの予想を超えるものでした。

演説「民主主義は偽善だ」
マルコムX　一九六〇年
▼43ページ参照

演説「ここからどこへ」
マーティン・ルーサー・キング・ジュニア　一九六七年四月一六日
▼44ページ参照

演説「地球の日《アースデイ》を新たな出発点にしよう」
ゲイロード・ネルソン　一九七〇年四月二二日
▼46ページ参照

SOURCES #1-1

「富裕な少数者を保護するよう構成されるべきだ」
――フィラデルフィア憲法制定会議における秘密の議事録と討論

ジェイムズ・マディソン* 一七八七年

マディソン氏の発言

この世の過ごし方は実にさまざまですから、すべての文明国では共同体の利害もさまざまに分かれるでしょう。たとえば債務者と債権者では利害が違ってくるでしょうし、財産の所有にも不平等がでてきます。だからこそ政府のなかに異なる見解と異なる目的が生まれるわけです。

このことが貴族政治の基盤となっているのです。それは、古代であれ現代であれ、あらゆる政治形態に溶け込んで存在しています。土地・財産は失っても貴族の肩書きだけは手放していない、横柄で傲慢な「高貴なる乞食」もいますからね。

土地・財産の所有者、つまりソファでくつろいだり自分の馬車に揺られている人は、その日稼ぎの勤労者の要求や感情を判断できません。このような状況のなかで、われわ

*ジェイムズ・マディソン
アメリカ合州国第四代大統領（一八〇九―一八一七）。合州国憲法の批准を推進し強い中央政府の樹立を求めるための論文集『ザ・フェデラリスト（連邦主義者）』（一七八八）の主要執筆者のひとりで、「憲法の父」とみなされている。またアメリカ合州国憲法の最初の修正条項一〇か条を起草し、その成立に尽力したので「権利章典の父」とも呼ばれている。

れが立ち上げようとしている政府は、長期存続を意図しています。

いまのところ有産階級・土地所有者の数は圧倒的ですが、時が経つにつれて、この地でも状況がヨーロッパの諸国や王国に似ていったり、さまざまな通商や製造業を通じて土地所有者の数が相対的に減っていくと、将来の選挙で有産階級の地位が脅かされることはないでしょうか。それに賢明なやりかたで対処しない限り、あなた方の言う政府に何が起こるでしょう。

現在のイギリスで、選挙がすべての階級の人びとに開かれていたとすれば、地主・有産階級の財産は不安定なものになっていたでしょうし、土地配分法がすぐにでも成立してしまうことでしょう。

こうした見解が正しいとすれば、われわれの政府は、そのような改革に対抗して国家の永久的権益を確保すべきなのです。こうしたかけがえのない権益を維持し、貧困者・無産階級を抑えるためには、有産階級・土地所有者が政府の経営権を保持すべきなのです。だから政府は、貧困な圧倒的多数者に対して富裕な少数者を保護するよう構成されるべきで、したがって上院が政府の主体であるべきです。そしてこれらの目的に応えるためには、政府は永続性と安定性をもたなければなりません。これまでもさまざまな提案があったのですが、わたしの見解では、このような政権が長期にわたればわたるほど、良い結果が得られるでしょう。

SOURCES #1-2
「民衆に対する二つの態度」
ウィリアム・ショート*への手紙
トマス・ジェファソン* 一八二五年一月八日

人間というものは、憲法や自分がおかれている状況によって、正直、意見を変えるものです。ある者は自分をホイッグ党員だ、自由主義者だ、民主主義者だ、と名乗ります。また別の人たちは自分をトーリー党員*だ、公僕《こうぼく》だ、貴族主義者だ、などと名乗ります。状況によって好きなように名乗ればいいのです。後者は、民衆を恐れ、すべての権力を社会のより高い階級に移そうと望む者です。前者は、民衆を権力のもっとも安全な保管人とみなし、したがって究極的に民衆を大切にし、民衆にこそ権限があるのだからその行使権限をすべて民衆に委ねようとする者です。これがいまアメリカに存在する意見の分裂です。

*トマス・ジェファソン
アメリカ合州国第三代大統領(一八〇一—一八〇九)。独立宣言(一七七六)の主要な作者であり、「建国の父」のひとりとみなされている。

*ウィリアム・ショート
一七八四年にジェファソンの私設秘書となり、駐フランス公使となったジェファソンに随行しフランスに渡った。その後、彼自身がフランス全権公使となり、フランス革命の経過を本国に報告した。

*ホイッグ党、トーリー党
いずれも当時のイギリスの政党名。トーリー党は現在のイギリス保守党の前身、ホイッグ党は現在のイギリス自由民主党の前身。

SOURCES #1-3

「民主制と寡頭制《かとう》を分けるもの」

アリストテレス『政治学』第三巻　第八章

民主制と寡頭制《かとう》のほんとうの違いは、貧者と富者にある。支配者が、少数派であろうと大多数であろうと、その権力を富に負っているところ、それが寡頭制である。貧者が支配するところが民主制である。支配者が富によって権力を維持するところでは、かれらは一般に少数者であるが、貧者が支配するところは、貧者が多数者である。なぜなら、都市国家の市民ならば、そのすべてが自由人だが、金持ちは少数者だからである。つまり、富と自由を基盤として、二つの集団がともに政府に要求をつきつけるのである。

しかし、多数者が権限をもつところが必ずしも民主制というわけではないし、少数者が政治権力をもつところが必ずしも寡頭制というわけでもない。都市国家の多数者が裕福で権限をもっていたなら、誰もそれを民主主義とは呼ばないだろうし、貧者の小集団が富裕層の大多数の上に君臨していたとしても、誰もそれを寡頭政治と呼ばないのと同じである。むしろ民主制とは、すべての自由人が権限をもつ制度のことであり、寡頭制とは、金持ちが権限をもつ制度のことである。

要するに、民主制とは、多数の自由な貧者が支配権をもつ制度のことであり、寡頭制とは、少数の富裕層・上流階級の手に権力がある制度のことである。

SOURCES #1-4

「民主主義の発達不全をもたらすもの」

アリストテレス『政治学』第六巻　第五章

貧困こそが、民主主義の発達不全の原因である。そういうわけで対策が講じられ、永久的な繁栄を確実なものにしようとするわけである。これは、富裕層を含めて、すべての階級のためでもある。したがって、適切な政策とは、収益の剰余を基金として蓄積し、この基金を補助金として貧者に分配することである。理想的な配布方法は、十分な基金が蓄えられていれば、補助金を貧者の小土地購入費に充当させることである。そういう政策ができない場合、政府は貧者に何か商売や農業を始めさせる策を講じなければならない。

SOURCES #1-5

「原告サマーセット　被告スチュワート」*
イギリス高等法院王座部、マンスフィールド卿の裁定　一七七二年五月一四日

奴隷制度というものは、自然あるいは政治のいかなる原理から考えても、司法裁判所がとても導入できるような類いのものではない。実定法に根拠をおいたものでなければならないからだ。いかなる昔にさかのぼったとしても、どの国・どの時代においても、奴隷制度の起源・根拠を求めることはできない。

長い過去のあらゆる事例を追跡してみても、実定法の記録には、記憶され使用に堪えるものは保存されていない。奴隷を導入した理由・機関・時代についての記録は存在していない。ある事例では、奴隷の状態は厳密に対処しなければならないほど醜悪なものである。

しかも、今回のこのような奴隷の返還をめぐる要求に対して、ここイギリスにおいて権力が使用され認められたことは決してなかった。脱走したからなどという理由で奴隷を強制的に連れ戻して海外に売り飛ばすことを許された奴隷主は、このイギリスではいまだかつて誰もいなかった。したがって、この返還要求で主張されている理由は、この大英帝国の法律によって認められているとは言い難い。

*原告サマーセット　被告スチュワート
船に監禁されていた黒人奴隷サマーセットが、人身保護令状による救済を求めて白人奴隷主スチュワートを訴えた裁判。サマーセットはバージニア州からイギリスに連れられてきたが逃亡して捕らえられた。白人奴隷主スチュワートは、ジャマイカで奴隷労働をさせようとして、サマーセットを船に監禁していた。

よって、その黒人は解放されねばならない。

SOURCES #1-6

演説「民主主義は偽善だ」

マルコムX* 一九六〇年

黒人が裁判所で何も発言権がないとき、法廷とはいったいどんな社会的・政治的制度なのか。白人が選んで黒人に与えるもの以外に、黒人はいったい何をもてるというのか。わが兄弟姉妹よ、われわれはこんなことを終わらせなければならない。われわれが自分でそれを終わらせない限り、それが自然に終わることは決してないからだ。

犠牲者を攻撃しておきながら、その白人犯罪者は、自分に反撃してくる犠牲者を非難する。これがアメリカの「正義」というものだ。これがアメリカの「民主主義」というものだ。そのことを知り尽くしている諸君は、アメリカのデモクラシー（民主主義）はヒポクラシー（偽善）だということがよくわかっているはずだ。

わたしが間違っているというのなら、わたしを刑務所に放り込むがいい。しかし、ア

*マルコムX
公民権運動の指導者キング牧師は、有名な演説「私には夢がある」が英語教科書に取り入れられているのでよく知られている。しかし、マルコムXが黒人のイスラム教徒であること、公民権運動の指導者として黒人の間ではむしろキング牧師よりも人気が高いくらいであることは、あまり知られていない。残念なことに、キングもマルコムも若くして暗殺されてしまった。

メリカのデモクラシー（民主主義）はヒポクラシー（偽善）ではないと証明できないのであれば、わたしを捕まえるのをやめろ。このアメリカでは、デモクラシー（民主主義）とはヒポクラシー（偽善）なのだ。

民主主義が自由を意味するというのなら、なぜわれわれ民衆は自由ではないのか？　もし民主主義が正義を意味するのなら、なぜわれわれに正義がないのか？　もし民主主義が平等を意味するのなら、なぜわれわれには平等がないのか？

この国の二〇〇〇万の黒人は、白人の家のボーイのようなものだ。白人はわれわれをボーイと呼ぶ。どんなに大人になってもわれわれをボーイと呼ぶことを、白人は気にもとめない。教授にだってなれるのに、かれらにとっては黒人教授もただのボーイにすぎないのだ。

SOURCES #1-7

演説「ここからどこへ」

マーティン・ルーサー・キング・ジュニア　一九六七年四月一六日

結論へ移る前に、つまり「わたしたちはここからどこへ向かうべきか」を語る前に、みなさんに申し上げたいのは、わたしたちの運動は、アメリカ社会全体の再編という問題に取り組まねばならない、ということです。

わたしたちは実際のところ、このような現実に直面しているのです。この国には四〇〇〇万の貧しい人びとがいます。だから、「アメリカには、なぜ四〇〇〇万人もの貧しい人びとがいるのか」と問わねばならない日が必ず来るでしょう。

そう問いはじめるということは、とりも直さず、経済制度について、さらに広範な富の分配について、問うことでもあります。そう問うことは、資本主義経済を問いはじめることであります。簡単に言えば、ますます社会全体について問いはじめるということです。

わたしたちは、人生という市場で打ち砕かれた貧困者を助けるよう要求されているのです。しかし、貧困者を生み出すような社会構造を改革・再編する必要がある、と悟る日が必ず来ると確信しています。それはまた、さらにいくつもの新しい問いを生み出すでしょう。

だから、わが同志のみなさん、この問題を扱えば、「石油を所有するのは誰か」と問うことになります。「鉄鉱石を所有するのは誰か」と問うことになります。

SOURCES #1-8

演説「地球の日《アースデイ》を新たな出発点にしよう」*

ゲイロード・ネルソン　一九七〇年四月二二日

わたしはみなさんを祝います。みなさんは今日ここに集うことによって、この問題、つまり、ただ生きるということを超えた問題に懸念をいだき、献身したいと意思表示されているからです。地球をいかにして生き延びさせるかが、いまや焦眉の課題になっているからです。

「地球の日《アースデイ》」は、世代やイデオロギーを超えて国民が広く新しい関心をもつ問題があることを、劇的に証拠立てる日となりました。「地球の日《アースデイ》」は、わたしたちの価値観や優先事項について、若者と老人の間に新たなコミュニケーションが生まれつつあることの象徴かもしれません。

国民のこの広く新たな合意を活用し、新しい国民の連合を結集すべく、団結を固めてください。その目的は、国民総生産GNPと同等の地位に、国民総品質GNQを置くことなのです。

*「地球の日《アースデイ》」とゲイロード・ネルソン

当時、ウィスコンシン州選出の上院議員であったゲイロード・ネルソンは、全米で燃え上がっていたベトナム反戦運動に刺激されて、「環境問題についての討論集会を、一九七〇年四月二二日に全米規模で開催すること」を呼びかけた。本書に収録されている演説は、その四月二二日にコロラド州デンバーで開かれた集会で、ネルソン氏が聴衆に呼びかけたときの演説全文である。この日、全米各地で集会が開かれ、合計二千万人が参加したと言われている。この運動の高まりを受けて、ニクソン政権は環境保護庁を設置し、大気浄化法を成立させた。その後一〇年ごとに開かれてきた「地球の日《アースデイ》」は、一九九〇年以降は、毎年、全世界で開かれる祭典となった。

全国的な運動を展開し、第九二回連邦議会を「エコロジー議会」に変えてしまうような議員を選出してください。市民ひとりひとりの間に、人間と自然の体系に、橋を架ける議会にするのです。ダム、高速道路、そして新しい武器システムをつくり出す議会ではありません。武器競争を激化させてはならないのです。

いま、この社会の構造を壊しかねない問題、つまり、人種、戦争、貧困、官僚制度といった問題が山積しています。「地球の日《アースディ》」は、それらの問題を解決するための、新たな緊急性と新たな支援を提供できるし、そうでなければならないのです。

THIS
FOR ALL DE
WASHINGTON

原理

2

若者を教化・洗脳する

一九七〇年代、平等を求める闘いに対し、企業による巨大で集中的な反撃が始まり、ニクソン政権の時代（一九六九～一九七四年）、一貫して続きました。それはさまざまな分野で見ることができます。右派側からの典型例が、有名な『パウエル覚書』でした。のちに最高裁判事になったルイス・パウエルから、アメリカ最大の経営者団体のひとつ、全米商工会議所あてに送られたもので、商工会議所に次のように警告しています。事態がこのまま進行すると、財界は社会に対する「支配力」を失うから、新興勢力に「対抗する」ために何か手を打たなければならない、と。

「経営者はいまこそ攻撃的行動を」ルイス・F・パウエル・ジュニア『パウエル覚書』一九七一年
▼63ページ参照

またこの『パウエル覚書』は次のようにも言っています。いまアメリカ合州国でもっとも迫害されているのは、資本家階級である。社会の所有者であるべき有産者階級が、いまや完全に迫害されている。いまや大人気の左翼学者ハーバート・

マルクーゼや消費者運動家ラルフ・ネーダー、さらには大手メディアや大学によって、すべてが奪われてしまっている。だが、われわれには金《かね》がある。だから反撃できる。われわれがしなければならないことは、この経済力を使って、「自由」すなわち、われわれの権力を救うことだ、と。

かれは「外部の力に抗して、自分たちを守るために」、このように書いていたわけですが、ご覧のとおり、それは経済界に対する呼びかけでした。自分たちがもっている資力・財力のすべてを使って大攻撃を遂行し、盛り上がろうとしている民主化の大波を打破・反撃しようと呼びかけるものでした。

民主主義の行き過ぎ？

他方、いわゆる左派・リベラルで国際主義の陣営からも、これとかなり似た反応がありました。たとえば「三極委員会」の最初の大きな報告書『民主主義の危機』も、この民主化の動きに対して、大きな憂慮を寄せていました。

三極委員会というのは、欧州・日本・北米といった、三つの主要な資本主義工業国・地域から集められた、自称リベラルでインターナショナルな人たちから成

『民主主義の危機：民主主義の自己統制力を考察する』三極委員会の報告書　一九七五年

▼66ページ参照

るもので、委員会の考え方は、当時の民主党カーター政権がほとんどこの三極委員会のメンバーで占められていたことからもわかります。すなわち、右派とは対極に立つはずの人たちでした。

ところが、かれらもまた一九六〇年代の民主化の流れに肝《きも》を潰《つぶ》したのです。そして「これに対処するために、なんとかしなくては」と考えました。「民主主義の行き過ぎ」がますます広まりつつあることに、大きな危機感を抱いたのです。かれらの目には、以前には受動的で従順な人たち、たとえば女性、若者、老人、労働者が、徒党を組んで政治の世界に参画しようとしているように映ったわけです。

面白いことに、かれらはこれらの人びとのことを「特殊権益の保持者」と呼んでいました。民衆一般の利益を代表するものとは見なさなかったわけです。この「特殊権益」をもつ人びとが、アメリカの政治に過剰な圧力をかけている、というのがかれらの考え方でした。現在の体制はこのような圧力に対処できない。だから、そのような圧力をかける人たちをもとの受動的な人間に引き戻して、政治の場から追放しなければならない、というわけです。

三極委員会がとくに憂慮していたのは、若者たちに起きている変化でした。かれらは一九六〇年代の運動の先頭に立っていました。若者たちはあまりにも自由で、あまりにも独立しすぎている、と三極委員会は表現しています。これには学校や大学や教会の側に何か失敗があったからだ、と。そのような機関が「若者の教化・洗脳に責任がある」と。

だからわれわれは、「民主主義における節度、穏健な民主主義」をもっと呼びかけねばならない、というのがかれらの主張でした。そうすれば物事はうまくいく、というわけです（断っておきますが、「若者の教化・洗脳に責任がある」という言い回しは三極委員会からの引用であって、わたしの言葉ではありません）。

三極委員会のいわゆるリベラルな人たちはさらに続けて、よりよい教化・洗脳のための制度をいくつか提案しています。たとえば、新聞の統制、人びとをもとの受動的で無感動《アパシー》の状態に引き戻すこと、そして社会を「正しく、右方向へ」発展させること、などです。

現在わたしたちは、かれらの提案が現実のものになっていることを目にすることができます。たとえば経済の分野でも、いくつか大きな変化がありました。経済政策も再編成され、かれらの提案した政策は次々に実行され、かつ、ますます実行しやすくなってきています。

教育と教化・洗脳

教育における直接的な因果関係を証明することは難しいのですが、一般的な傾向を知るだけなら、それほど難しいことではありません。たとえば、若者の教化・洗脳について考えてみましょう。一九七〇年代のはじめから、大学生を統制しようとする、さまざまな方策が進行中であったことに気づきます。

たとえば、アメリカがベトナムやカンボジアに侵入した直後に起きたことを思い出してください。そのときは全国の大学で反対運動が激発し、閉鎖される大学も少なくありませんでした。若者は首都ワシントンその他、アメリカ全土でデモ行進し、これを統制するために多くの方策がとられました。

そのひとつが、大学のキャンパス空間や構造を変化させることでした。そのころから、新しい大学の構造は、学生が集会を開くことができないように設計されました（ちなみに、このような流れは世界的なものになりました）。学生はどこへ行くにも狭い路地のようなところを歩かなければならなくなりました。全米学生運動の発端となった有名なカリフォルニア州立大学バークレー校のスプロール・ホール*のような広場は、もう二度とつくらせない、ということです。そのような場所があると、学生は集会を開き、さまざまなことができるからです。

もうひとつの方策は、授業料の値上げです。一九七〇年以来、大学の授業料は上がる一方です。いまではとてつもないレベルにまで達しています。先にも述べたように、この授業料値上げが、学生運動を押さえ込むために意図的・計画的になされたということを証明する直接的な証拠はありませんが、結果は歴然としています。

若者の多くは、大学に行くという選択肢を奪われました。なんとか大学に進学できた若者たちでさえ、大半は大きな借金を背負って卒業することになります。一〇万ドルの借金を背負って卒業する学生は、罠《わな》にはまったネズミと同じです。ほとんど残された選択肢はありません。

というのは、その借金は返済できないように仕組まれていて、しかも自己破産宣告もできないのです。ふつうの商売や、ふつうの人が背負った借金は、破産宣

＊カリフォルニア大学バークレー校スプロール・ホール
一九五〇年代のアメリカでは、マッカーシズムなど共産主義者への差別、赤狩りの嵐が吹き荒れた。しかし、それに対する抵抗運動も強く存在し、カリフォルニア大学バークレー校教授陣のリベラル気質はその象徴的存在だった。また、その独特の校風が学生運動として表出したのが、一九六〇年代のフリースピーチ・ムーブメントだった。一九六四年一二月二日には、学生活動家のマリオ・サビオが、校内のスプロール・ホール前の広場で約四〇〇〇人を前にして演説をおこない、バークレー校は一躍、アメリカ学生運動のメッカと称されるようになった（六二頁の写真はスプロール・ホール前の広場に集う学生た

ちのようす）。

告で救われますが、学生の借金はそれが許されないのです。その借金は死ぬまでかれらにつきまとい、返済できなければ、貸し手は社会保障や生活保護さえ差し押さえできます。こうして、若者たちは永遠に権力に服従するよう強いられるのです。

同じようなことは公教育でも起きています。最近の公教育は、教育を技術訓練に貶《おとし》めることに力を注いでいます。こうして、子どもたちの創造性や独立心を奪うのです。これは単に生徒・学生だけではなく、教師の創造性や独立心さえも奪います。それが「テストのための教育」です。

具体的には、ブッシュ大統領の「落ちこぼれゼロ法案」、オバマ大統領の「トップをめざして競争せよ法案」です。わたしの考えでは、これらの政策はすべて教化・洗脳と支配・統制のための手段と見なされるべきでしょう。もちろん、ほかにも同じことを狙《ねら》った政策はいくつかありますが、いちばん単純なやり方は、無償教育の数や種類を減らしたり、無償教育そのものを廃止したりすることです。

チャータースクールという最近流行《はや》りの制度も、表向きの看板とは裏腹に、実は公教育を破壊しようとする見え透いた政策であることは、ちょっと調べればすぐわかることです。

チャータースクールは、国民の税金を民間企業に流し込もうとするひとつの政策であり、それは従来の公立学校制度という体制を土台から破壊するものです。かれらはチャータースクールの利点をさまざまに並べ立てていますが、それらを証拠立てるものは何ひとつありません。ところが、いまやアメリカ全土でチャータースクールが広がっているのです。これは公的教育機関の破壊にほかなりません。


最近、ニューヨークタイムズ紙に興味深い記事が載っていました。貧困地区の子どもたちにドラッグを飲ませて成績の向上を図ろうとしている医者が少なからずいる、という記事でした。しかも、その医者たちは、子どもたちの心や身体になんら悪いところはなく、悪いのは社会や貧困だということを十分知ったうえでそうしているというのです。その記事の言い方にならえば、わたしたちは社会の一員として、次のことを決断した、つまり子どもに合わせて社会を矯正《きょうせい》するのではなく、社会に合わせて子どもを矯正しようとしている、ということになります。

考えてもみてください。これらの子どもたちは、学校にはほとんど予算が付けられていない、貧困地区からやって来ているのです。だから、子どもたちの成績

「注意欠陥障害であろうとなかろうと、学校では薬を飲ませればよい」
ニューヨークタイムズ紙　アラン・シュワーツ　二〇一二年一〇月九日
▼69ページ参照

は向上するはずもなく、したがって、その代用として子どもたちの口にドラッグを注ぎ込もうとしているわけです。

ただし、わたしたちが社会としてそのような決断を下したというのは正しい言い方ではありません。社会を支配する人たちが、そのような決断を下したのです。

批判的言論人への非難・糾弾

このアメリカ社会で使われている「反アメリカ的」という概念は、きわめて興味あるものです。それは実際、全体主義的な概念で、自由主義社会ではふつう用いられないものです。たとえば、イタリアで誰かがベルルスコーニ大統領やイタリアの政治家の批判をしても、かれらは決して「反イタリア的」とは呼ばれないでしょう。それどころか、ローマやミラノの路上でそんな言葉を聞いた人たちは、腹を抱えて笑い出し卒倒するでしょう。それは、全体主義国家で用いられる言い方だからです。

たとえば旧ソ連では、反体制的な人びとや政権を批判する人たちは、しばしば「反ソビエト的」と言われてきました。人を糾弾する言葉としては、それはもっとも厳しいものでした。かつてのブラジルの軍事独裁政権下でも、同じような人たちが「反ブラジル的」と名指しされました。

つまり、このような発想は、国家と社会、国家と文化、国家と個人などを同一視する文化のなかでしか生まれてこないものです。そのような文化では、あなたが国家権力を批判したり、国家権力の集中を批判すると、社会や民衆を批判していることになるわけです。ただしここでわたしの言う国家とは、単に政府のことだけではなく、企業に支配された国家権力をも意味します。

このような意味合いをもつ「反米的」「反アメリカ的」という用語がこのアメリカで使われていることは、きわめて衝撃的な事実です。わたしの知る限り、民主主義国家において、そんな言い方が嘲《あざけ》りの象徴になるのは、おそらくアメリカだけでしょう。それは、アメリカのエリート文化のひとつの象徴であり、きわめて醜悪なものです。

どの社会でも、権力を批判する人たちが中傷されたり虐待されたりすることがあるのは事実で、社会のあり方に応じて、中傷や虐待のあり方もさまざまです。たとえば、一九八〇年代の旧ソ連なら、おそらく投獄されたことでしょう。エルサルバドルでは、それではすまず、アメリカが裏で操るテロリスト特殊部隊によって頭を吹き飛ばされたものでした。他の社会では、単に批判されたり中傷されたりするだけで終わるかもしれませんが。

いずれにしても、それが世界中で見られるふつうのことです。しかし、このアメリカでは、権力を批判する人たちを貶《おとし》める言葉が「反米的」「反アメリカ的」という言い回しなのです。人を貶める言葉には一連の言い回しがありますが、「マルクス主義者」「社会主義者」というレッテル貼りもそのひとつです。

とはいえ、それは大して重要な問題ではありません。アメリカは自由な社会なので、わたしたちはあらゆることを批判できます。いろいろな意味でアメリカはいまでも世界でもっとも自由な社会のひとつです。たしかに弾圧はありますが、それなりに特権を許された人たちの間では（しかもそれは少ない数ではありません）、かなり高度な自由が許されています。だから、政府の御用学者や企業のゴマすり連中に中傷されようとも、気にすることはありません。かまうもんか、です。言いたいことを言いたいように言うのみです。

国益とは何か

「われわれには金《かね》がある、われわれは国民からすべてを委託された人間だ、だからわれわれは国民に規律を科す」などというのが、右派の立場のパウエル判事らのやり方でした。他方、左派リベラルの人たちは、表向きはもっと穏やかな手段を模索したのですが、やろうとしたことは結局のところ同じでした。実際、三極委員会は主張していました。「メディアは統制が利かなくなっている。もしかれらがそのような無責任な態度を続けるならば、政府による統制が必要になるだろう。さもないと、かれらは列を乱すことになるからだ」

大手メディアに働く人たちには実はたいへん体制順応主義の人が多い、というメディアの実態をよく知っている方は、わたしがこんな言い方をすると困惑するかもしれません。しかし、アメリカのリベラルな人たちにとっては、現在のメディアのあり方すらも、あまりにも行き過ぎなのです。かれらメディアは、しばしば気にくわない報道をするからです。

三極委員会の報告を見ると、もうひとつ面白いことに気づきます。かれらが表立って決して言及しようとしない民間企業のことです。それはある意味、当然なことで、民間企業の利益は、女性や若者の権利とは違って、特殊権益ではないのです。かれらの定義に従えば、それは国益なのです。

まあ、名称はともかくとして、そういうわけで、かれらはロビイストという議会工作員を雇ったり、選挙を金で買ったり、自分たち企業の幹部を政府の役人として押し込んだりして、自分たちに都合のよい政策を決めたりすることが許されているのです。まあ、それはそれでよしとしましょう。問題は、かれらの言う「国益」から取り残された、いわゆる特殊権益をもつとされる一般民衆のことです。こうして、一般民衆は「国益」に奉仕し、沈黙を余儀なくさせられるわけです。

これがいまアメリカの社会を覆《おお》っている政治の全体像です。言い換えれば、金持ち特権階級からの理念的イデオロギー的揺り戻しとも言うべきものです。

しかし、もっと大きな揺り戻しは、この理念的イデオロギーの揺り戻しと並行して、経済のあり方を全面的につくりかえる動きがあったことでした。

SOURCES #2-1

「経営者たちはいまこそ攻撃的行動を」

ルイス・F・パウエル・ジュニア*『パウエル覚書』一九七一年

1　攻撃の規模

アメリカの経済体制は広範な攻撃を受けている。そのことを疑わない人は、思慮深い人のなかには誰もいない。この攻撃は、範囲、強度、適用される技術、顕現《けんげん》の度合において、さまざまである。

2　攻撃の発生源

その発生源は多様で拡散している。そのなかには、当然と言えば当然のことであるが、政治・経済制度全体を破壊しかねない共産主義者、新左翼主義者、その他の革命家がいる。これら左派の過激派は、以前よりずっと数を増しており、はるかによい資金を提供され、社会の他の構成員からますます歓迎され元気づけられている。歴史上これまでにないほどである。しかし、かれらの数はそれほど多くはないので、まだ憂慮すべき主要

*ルイス・F・パウエル・ジュニア　パウエルは、ニクソン大統領によって最高裁判事に任命される以前は、全米商工会議所の弁護士で、タバコ会社フィリップモリス社の取締役のひとりでもあった。この覚書は、かれが最高裁判事に任命される直前に友人宛てに書いたもので、当時の保守層・富裕層・経営者が感じていたこと、考えていたことを、明快に表現していることで有名。

な要因とはなっていない。

この体制批判の大合唱に加わっているなかでも、もっとも不穏な声は、社会で非常な尊敬を集めている構成員から聞こえてくる。大学、聖職者、マスコミ、知的および文学的な雑誌、文系や理系の専門家、政治家などである。どのグループにおいても、反体制運動に参加しているのは全体から見れば少数者にすぎないとはいえ、多くの場合、かれらは、自分の考えをもっとも明確に表明し、もっとも声高《こわだか》に発言し、執筆・講演活動でも極めて生産的である。・・・

3 攻撃の傾向

おそらくアメリカ企業にとって最強の敵はラルフ・ネーダー*である。主としてマスコミのおかげで、かれは時代の伝説的人物となり、何百万ものアメリカ人の崇拝対象者（アイドル）となった。『フォーチュン』誌の最近の記事は、ネーダーについて次のように語っている。「かれにみなぎる情熱、そう、かれは情熱的な男だ。その情熱は、かれの嫌悪の対象、すなわち企業権力を、完全に粉砕することに向けられている。・・・」

4 企業の無関心と怠慢

・・・アメリカ企業が「窮地に陥っていることは明らかだ」。広い層からでてきた批

*ラルフ・ネーダー
アメリカの弁護士・社会運動家。ハーバード大学ロースクールを卒業。ハートフォード大学の歴史学と政治学の教授を務めたこともある。一九六五年に著書『アメリカの自動車に仕組まれた危険』で、乗用車の欠陥を指摘し全米に衝撃を与えた。その後ずっと環境問題や消費者運動に携わり、彼が設立したNGO「パブリック・シチズン」（会員一五万人）は、政府・議会・産業界などを調査・監視している。緑の党など独立系の大統領候補者として立候補していたことでも有名。

判への対応が効果的ではなく、ただ鎮静化をめざしてきただけだったからである。しかし、ついに時機の到来だ。これは実際のところ、長らく延び延びにされてきたものだ。だが、いまやアメリカ企業の知恵・創意・資源を総動員して、アメリカ企業を破壊する連中に対抗するときが来た。

5 経営陣の責任

現在の最優先課題は、経営陣が「究極の問題は現体制の維持だ」と認識することである。つまり、いわゆる自由企業体制の生き残りであり、これこそがアメリカの強さと繁栄、わが国民に自由をもたらすすべてなのである、と認識することだ。

6 より攻撃的な行動を

アメリカ企業は、消費者の意思を操作し購買の決定に多大な影響を及ぼす、という史上最大の能力を発揮した。そのもっとも偉大な才能を、体制そのものの維持・保全のため、積極的に適用するときが来ている。

SOURCES #2-2

『民主主義の危機：民主主義の自己統制力を考察する』

三極委員会＊の報告書　一九七五年

アメリカ民主主義の活力と自己統制力

一九六〇年代は、アメリカにおいて民主主義精神が劇的な復活を見た時代であった。この一〇年間のおもな傾向は次のようである。

①政治的・社会的・経済的な諸制度や諸団体がもつ既得権益に対して、異議申し立てがあった。

②これら諸制度や諸団体に対して、民衆が参加したり管理したりすることが増大した。

③連邦政府の権力集中に対して抗議の声が起こり、連邦議会や州政府・地方政府の権力を再び主張する、という行動が増大した。

④知的エリートの側の平等主義復興の動きがあった。

⑤「一般民衆の利益」を促進するロビー活動（議会工作）の集団が登場した。

⑥政策や経済に参加する権利や機会を、女性その他の少数者に与えることに対して、

＊三極委員会
日本・北米・欧州に設けられた三つの委員会が共同して運営する私的組織であり、民間における非営利の政策協議グループである。一九七三年にデイビッド・ロックフェラー、ズビグネフ・ブレジンスキーらにより、「日米欧委員会」として発足したが、現在の名称は「三極委員会」。その目的は、先進国共通の国内・国際問題等について共同研究と討議をおこない、政府と民間の指導者に政策提言をおこなうことである。参加国は委員会の規定では「先進工業国」とされている。

関心が増大した。

⑦過度の富や権力を所有している（あるいは、そう考えられている）人びとに対して広範な批判が増大した。

このように、抗議の精神、平等の精神、不平等を暴露しようとする衝動が国中に広まった。一九六〇年代の主題は、ジャクソン流の民主主義*と、政治腐敗を暴露する進歩主義の二つだった。これはアメリカの伝統に深く関わっていた考え方や信念を体現したものであって、一九六〇年代に人びとを熱中させていた考え方や信念とは必ずしも一致するものではなかった。とはいえ、その一〇年間は、民主的な考え方の活発化を証明するものだった。すなわち、民主主義の高揚があり、民主的平等主義を再評価した一〇年であったのである。・・・

もちろん先述のとおり、一九六〇年代には、市民参加その他の形態における顕著な上昇が見られた。行進、デモ、抗議運動、および「理念」集団（たとえばコモンコーズ*や、ラルフ・ネーダーがつくった団体など）というかたちである。社会全体の参加が拡大したことは、黒人、先住民族、メキシコ系アメリカ人、白人少数派集団、学生、女性などの自意識が著しく高まったことに反映されていた。すべてが新しいやり方で動機づけられ組織化され、仕事と報酬は適切であるべきだ、という目標を達成しようとしていた。・・・

*ジャクソン民主主義、ジャクソン革命
一九世紀前半のジャクソン大統領時代に民主主義が伸展し、西部の開拓農民などの精神にそった自立と平等を理念とし、「草の根民主主義」として定着した。その反面、非白人の黒人や先住民族の人権に対しては過酷であった。

*コモンコーズ（Common Cause）
ワシントンDCに拠点を置く自由主義擁護団体で、三五州に支部をもつ。ジョンソン政権の保健・教育・福祉長官だったジョン・W・ガードナーが一九七〇年に設立。ベトナム戦争を終結させ、投票年齢を二一歳から一八歳に下げる努力をしたことで著名。

以前は受動的で組織されていなかった集団が、いまでは一致団結した運動を展開しはじめ、機会・地位・報酬・権利に対する自らの主張を確立しようとしていた。そういったものはいままで与えられたことがなかったものだった。・・・

政府の権威低下

・・・一九六〇年代の民主的な高まりの本質は、公的であれ私的であれ、権威という既存体制に対する全般的な挑戦だった。この異議申し立ては、さまざまな形で表れた。家族、大学、企業、公的・私的協会、政治、政府の官僚機構、兵役において。人びとはもはや、年齢・階級・地位・専門・品格・才能で自分より優れていると思っていた人びとに対する衝動、かつてもっていたかれらに対する自動的服従をもはや感じなくなったのだ。・・・職階制、専門知識や富にもとづく権限というものがすべて、その時代の民主主義と平等主義という気分に明らかに反していたからだった。

そして、一九六〇年代、その三者すべてが猛攻撃を受けたのだ。

結論：民主的なバランスへ

アル・スミス*はかつてこう述べた。「民主主義の有害さをただひとつ治療するものは、より多くの民主主義である」。しかし、われわれの分析が示唆するのはこうだ。現時点

*アル・スミス
ニューヨーク州知事に四回選ばれ、一九二〇年代に知事として幅広い改革を達成したことで注目された。一九二八年の大統領選に出て、共和党のハーバート・フーバーに敗れた。一九三二年の大統領選では民主党の指名を求めたが、フランクリン・D・ルーズベルトに敗れた。選挙後、エンパイヤ・ステート会社社長となり、エンパイヤ・ステート・ビルディングを建設した。

でその治療法を適用することは、火にさらなる油を注ぐことになりかねない。だからわれわれが提案する対処法はそうではない。なぜなら、今日のアメリカにおける自己統制力の問題は民主主義の行き過ぎから生じているからだ。

デイビッド・ドナルド*の用語で言う「民主主義の行き過ぎ」なのである。ジャクソン革命の結果として南北戦争が起きたという点に言及するために、ドナルドは「民主主義の行き過ぎ」という用語を使った。それとほぼ同じ意味である。だから、いま必要なのは、より大きな民主主義ではなく、民主主義のより大きな節度である。

*デイビッド・ドナルド　アメリカの歴史家。一九六五年に、「南北戦争はジャクソン民主主義の結果、選挙権を一般白人男性全員に拡大したせいだった」として、「民主主義の行き過ぎ」という言葉を使った。この一〇年後、これをもとにしてハンチントンが「民主主義の行き過ぎ」が政府を蝕んでいるとし、三極委員会の報告書『民主主義の危機』につながった。

SOURCES #2-3

「注意欠陥障害であろうとなかろうと、学校では薬を飲ませればよい」

ニューヨークタイムズ紙　アラン・シュワーツ　二〇一二年一〇月九日

ジョージア州カントン発——

マイケル・アンダーソン博士は、小学校で問題のある低所得の生徒のことを耳にすると、少量の強力な薬「アッダオール」をかれらに与える。

この錠剤は、注意欠陥多動性障害ＡＤＨＤをもつ子どもの注意力を高め、衝動性を抑える。しかし、アンダーソン博士は、診断でＡＤＨＤだとされたとしても、そのような障害は実は「でっち上げられた」ものであり、そのような病名は生徒に薬を処方するための「言い訳」にすぎないと言う。子どもの病気の真の原因は、地域と学校の貧困な環境そのものにあり、そのために学業成績が悪くなる、と考えているのだ。

アンダーソン博士は大学で小児科学を教えると同時に、アトランタ北部のチェロキー郡に所在する有名な小児科治療センターの設立者として、その地域に多い貧困家庭の子どもの医療にも携わっている。

「しかしわたしに残された選択肢は多くないんです」「わたしたちは社会として決めたんですよ。子どもの環境を変えるには金がかかりすぎる。だから変えなければならないのは子どもだというわけです」

アンダーソン博士は、少なからぬ医師の間で関心を集めている考えについて、歯に衣を着せずものを言う人物のひとりである。お金がなくて困っている学校で、成績が上がらず苦しんでいる生徒たちに、医者は一種の覚醒剤を処方しているが、それはADHDを治療するために必要だからではなく、単に生徒を興奮させて成績を上げるためにすぎない。

アンダーソン博士が、いまアメリカで広がりつつある傾向を代表しているのかどうかは、まだ明確ではない。しかし、一部の専門家が注目しているのは、裕福な家庭の学生や生徒が、すでにもう良い成績をとっているのに、大学や高等学校で覚醒剤を乱用して成績をさらに上げている、という事実だ。このような現状を反映して、低所得者層の成績が振るわない子どもたちや親たちに、同じ薬が求められ使われているのである。

「わたしたちは社会として、薬を使わない治療法（非医薬品的な治療介入）には投資したくないというわけなのです。ほんとうは、そちらのほうがこうした子どもたちとその家族にとって、非常に効果的なんですがね」とラメス・ラガバン博士は述べた。かれはワシントン大学セントルイス校「子ども精神保健サービス」の研究者であり、低所得層の子どもたちの処方薬に関する専門家である。

「政治が事実上、地元の精神科医に強制しているんです。自分で自由に決めることのできる、ただひとつの道具、つまり向精神薬を使え、とね」

原理

3

経済の仕組みをつくり変える

一九七〇年代から一貫して、「人類の支配者」、つまり社会を所有していると思っている人たちの側で、猛烈な努力が続けられてきました。それは経済の仕組みを変えようとする試みで、二つの決定的な側面から成っていました。ひとつは、経済における金融機関の役割を増大させようとするものです。たとえば、銀行、投資機関、保険会社その他の役割を強めようという試みです。二〇〇七年、すなわち、最近の金融危機の直前のことですが、そのとき、それら金融機関の利益は、全企業利益の四〇％を占めるまでになっていました。それは、過去のどの期間においてもなかった占有率でした。

金融機関の役割の変化

一九五〇年代のアメリカは、それ以前の長い年月と同じように、経済の基盤は主として製造業が担っていました。合州国は世界で有数の製造業の中心地だったのです。金融機関は、経済の比較的小さな部分を占めていただけで、その役割は銀行預金のような、まだ使われていない資産を生産活動に振り向けることでした。それは経済に対するひとつの貢献のあり方でした。

銀行を規制する制度も確立していました。いまと違って、銀行は勝手にふるまうことを許されていなかったのです。つまり、商業銀行と投資銀行は分離されていて、危険な投資をすることは大きく規制されていました。そのような投機は一般市民を傷つけるからです。そして実際、みなさんも覚えておられるでしょうが、ニューディール政策がおこなわれている間は、たったひとつの金融危機すらありませんでした。ところが一九七〇年代、それは大きく変化しました。

国際的な経済体制は、七〇年代の初期に至るまでに確立されつつありました。

それは第二次世界大戦の勝利者であるアメリカとイギリスによってつくられたもので、具体的に言うと、アメリカを代表してハリー・デクスター・ホワイト、イギリスを代表してジョン・メイナード・ケインズによって、アメリカ、ニューハンプシャー州ブレトンウッズで締結された協定です。それはブレトンウッズ体制と呼ばれるもので、基本的には資本の流れを規制することに主眼が置かれていました。

世界各国の通貨は、金本位制に基礎を置くドルに連動するよう規制されていたので、通貨を投機の対象にすることもほとんどありませんでした。そんなことをする余地がなかったからです。国際通貨基金ＩＭＦは、資本輸出の政府による統制を許していただけでなく、そのような政策を支持していました。世界銀行ＷＢは、国家がお金を出して開発計画を進める機関でした。

一九五〇年代、そして六〇年代はそういう状態だったのです。しかし、七〇年代になると、それは完全に解体されてしまいました。通貨に対する規制・統制は取り払われ、そのことは即座に通貨に対する投機を急増させました。それは以前から予想されていたことでもありました。

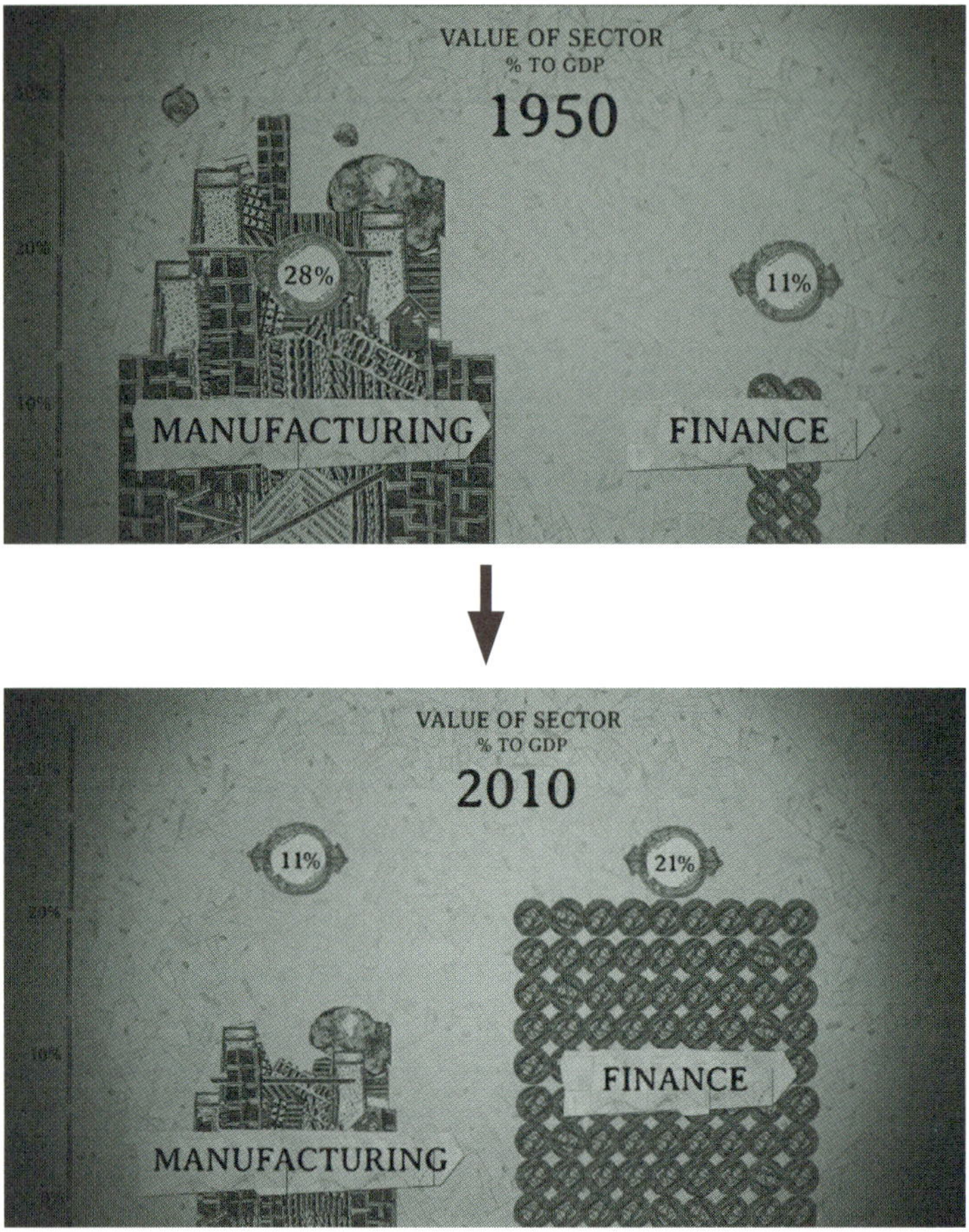

＊上記の図表で、製造業と金融業のGDPに対する割合が、一九五〇年から二〇一〇年の六〇年間で大逆転していることがわかる。

経済の金融化

同時に、製造業の利益率は大きく落ち込みました。いまでもかなりの利益を得ているとはいえ、その利益率は下がる一方です。だから、巨大な投機的な資本の流れが急上昇しはじめたのも当然のことでした。それは天文学的な上昇率でした。この金融部門における巨大な変化は、従来の伝統的な銀行から、危険で冒険的な投資銀行への変化でした。かれらは複雑きわまりない金融商品を開発したり、みんなの目の届かないところでの金融操作すらおこなうようになってきています。

こうしていまや国家経済の基盤は、製造業ではなくなっています。少なくともこのアメリカではそうです。それは、経営者の選択にすら、見てとることができます。

かつて一九五〇年代、六〇年代のアメリカ大企業の社長は、ほとんどが技術者上がりでした。たとえば、わたしの大学MIT（マサチューセッツ工科大学）の卒業生たちもそうで、かれらのなかには、自分が会社の所有者であり、経営者階級の一員であるという、それなりの自覚がありました。かれらは社会のあり方に関心をもち、世の中には労働力とか市場というものがあり、自分自身も会社や社会の未来を見通さなければならないという、それなりの自負がありました。

しかし、いまやそういう感覚はどんどん薄れつつあります。それは最近ますます顕著になってきている経営者の人事を見ればわかります。

会社経営の頂点に座る人たちは、いまや技術者ではなく、大学の経営学修士号を取得した人たちばかりです。かれらはさまざまな種類の詐欺《さぎ》的な金融操作を学んで卒業してくるのです。そしてこのことが、経営者の態度を一変させました。かれらはますます企業に対する忠誠心を失い、自分自身にだけ忠誠心を発揮するようになってきています。

なぜなら、いまや大企業で成功する方法は、次の四半期でよい結果を見せることだけだからです。四半期＝三か月というのは非常に短い期間ですから、これは、長期にわたる企業の未来を考えた行為ではありません。かれらが念頭に置いているのは、次の四半期でどういう結果を手に入れることができるかだけです。それは同時に、かれらの給料やボーナスその他を決定するからです。企業のあり方は短期利益を上げることを目的として立案され、そしてそのことで、自分に大量のお金が入ってくれれば、それでいいのです。

「〝短期利益〟中心主義に終止符を」
ウォールストリートジャーナル紙　ジャスティン・ラハル　二〇〇九年九月九日
▼94ページ参照

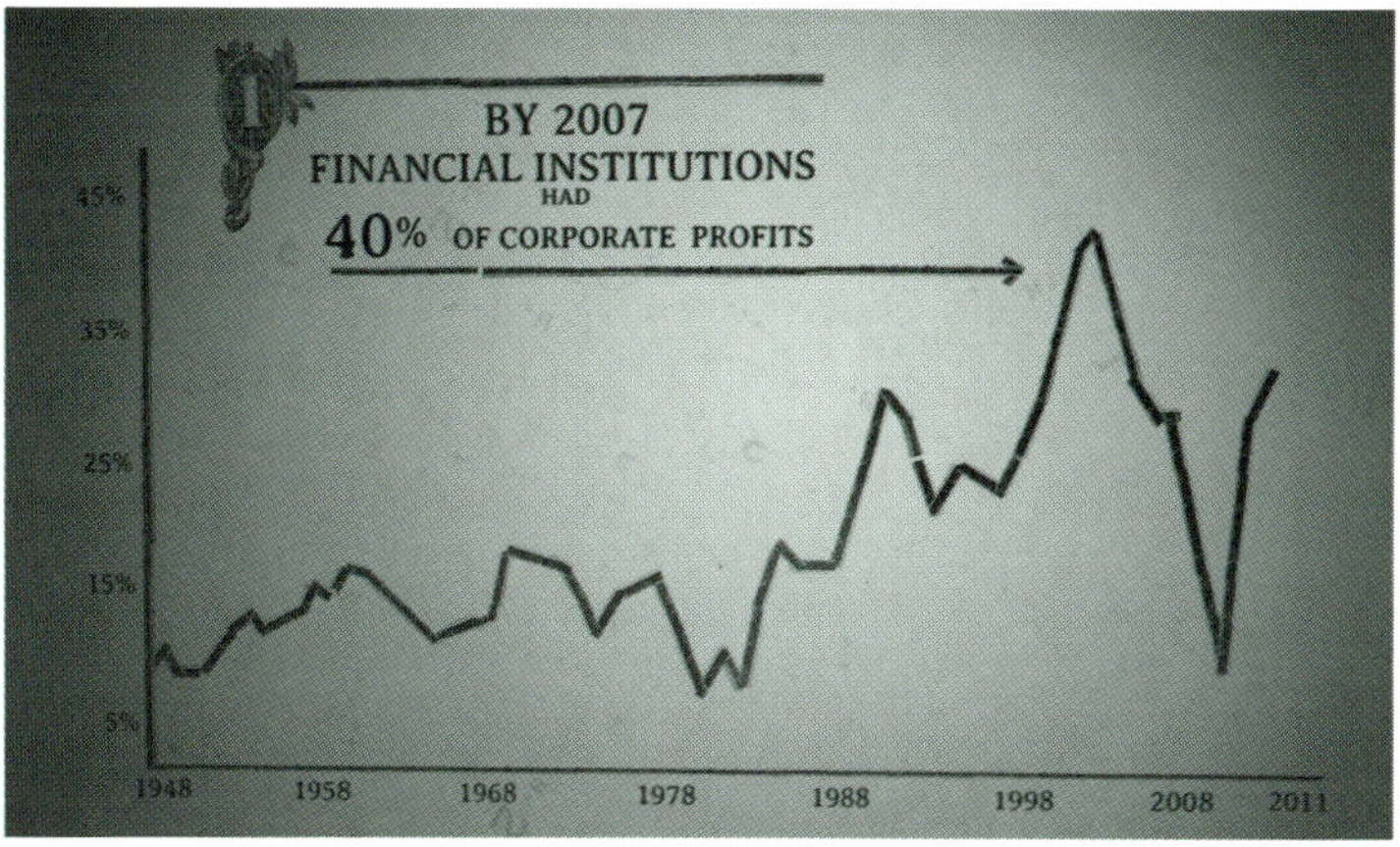

仮に金融危機で会社が破産しても、かれらは、予め契約されていた巨額の退職金を手にして会社を辞めればいいだけです。そして、ゴールデンパラシュートと呼ばれる落下傘《らっかさん》を使って、次の就職口に着地できるのですから。このようなことが企業のあり方を根本的に変えてしまいました。

*上の図表から、二〇〇七年には、企業収益の四〇%を、金融機関が占めるようになったことがわかる。

たとえば一九八〇年代には、ゼネラルエレクトリック社GEは、アメリカで製造業を営んでいたころよりはるかに多くを金融操作で得ることができました。ゼネラルエレクトリックという会社は、いまでは製造業ではなく、実質的には金融機関になっています。かれらは利益の半分以上を、単に複雑きわまりない方法で金融操作をするだけで手に入れています。かれらが経済にとって何か価値のあることをおこなっているということは、ほとんど見えてきません。

アメリカで起きたこととは、要するに、経済における金融機関の役割が急上昇した、ということです。それと並行して、アメリカにおける国内の生産量も利益率も急激に低下しました。これが、経済の金融化と呼ばれるもののひとつの現象です。

そして、この金融化と同時に起きたもうひとつの現象が、製造業の海外移転でした。

製造業の海外移転

製造業を国内から国外へ移し、国の生産力をえぐりとってしまうというのは、意識的な決断の結果でした。というのは、国外には安い労働力が待っているからです。さらにそこには、健康や安全に関する厳しい基準も環境規制もありません。たとえばメキシコ北部、中国、ベトナムなどは、そのような好条件に恵まれていました。いまでも製造業によってたくさんの利益を得ている人たちもいますが、かれらが生産しているのは、アメリカではなく国外なのです。

これは多国籍企業にとっては、理にかなったことでした。とくに経営者、その幹部や株主にとっては、非常においしい話でした。しかしもちろん、一般民衆にとっては非常に有害なものでした。

たとえば世界最大級の企業のひとつであるアップル社の製品は、台湾人が所有する中国国内の工場で盛んに生産されています。しかしその工場は拷問部屋*と呼ばれるものになっているのです。フォックスコンという台湾の会社の中国南西部にある工場では、さまざまな部品を組み立てているのですが、それらの部品は近隣の工業諸国、たとえば日本、シンガポール、台湾、韓国、そして合州国から送り込まれたものです。

このように、アメリカ企業の得た利益の大半は、この組立て工場から生まれているのです。もちろん、中国でも百万長者や億万長者の階級は生まれてきていますが、それは伝統的な第三世界で一般的な現象です。

＊フォックスコンの工場は拷問部屋
自殺したくても自殺も許されないような労働環境だということ。労働条件が厳しすぎて、屋上からの投身自殺が多発したため、サーカスの網のような落下防止網が、建物のまわりに張り巡らされていることで知られる。このような工場で、iPhoneなどがつくられているのである。

自由貿易協定の真の狙い

ところで国際的な「自由貿易協定」と呼ばれているものの実態は、「自由」貿易どころではありません。そのような経済体制は、明らかな意図をもってつくりあげられたもので、狙《ねら》いは、世界中の労働者をお互いに競争させて、賃金を下げなければならないように追い込むことにありました。その結果、働く人たちの収入は大きく落ち込むことになりました。

それは、アメリカの労働者が、搾取され尽くしている中国の労働者と競争状態になることを意味していました。それはとくにアメリカにおいて顕著でしたが、いまや世界中に広まりつつある現象です。

ちなみに中国では、貧富の格差はかつてないほど大きくなっています。中国と合州国はこの点で、超格差社会の双璧をなすものとなっています。中国でも、この格差を克服するための多くの労働運動がありますが、非常に厳しい国家体制の下では、なかなか容易なことではありません。それでも、いまや何かが起こりつつあります。そして、それは世界的に見られる兆候です。

アメリカが国外に輸出しているのは、人間を操作するさまざまな価値観です。たとえば、富を一部の集団に集中させること、働く人びとへの増税、働く人びとの権利を奪うこと、働く人びとから搾取することなどです。それこそ、アメリカが現実の世界に輸出しているものなのです。それは、富裕層と特権階級を守るための貿易制度をつくりあげようとした結果、自動的に生まれたものだとも言えます。

合州国の製造部門の最近の失業率は、三〇年代の失業率と同じ水準にあります。しかし、根本的な違いは、失われた仕事は二度と戻ってこない、ということです。少なくとも現在の経済体制の下では、まずあり得ないでしょう。失われた製造業の仕事は、社会政策の大きな変化がない限り、決して戻ってはこないのです。

なぜなら、社会を動かしている人たち、アダム・スミスの言い方を借りれば、「人類の支配者たち」は、まったく違った考えをもっているからです。かれらはアメリカ合州国に大規模な製造業を取り戻すことに興味はありません。かれらに興味があるのは、なんの環境規制も受けることなく、超低賃金で労働者を搾取することによって、もっと多くの利益を得ることができる場所を国外に見つけることだ

「同業組合法が『労働の自由な移動』を妨げている」
アダム・スミス『諸国民の富、その本質と源泉への探求』一七七六年
▼95ページ参照

けだからです。

その一方で、高額の所得を得ている高度な専門家たちは、働く場所も賃金も守られています。かれらは世界中の他の人たちと競争するよう追い込まれてはいません。それどころか全く逆です。

しかも、資本は自由に移動できますが、労働者は自由に移動できません。労働者がよい賃金を求めて国外へ移動することは容易なことではありません。労働者は勝手に国外へ移動することはできませんが、資本にはそれができるのです。

再び、経済学の古典の著者に戻って考えてみましょう。たとえばアダム・スミスは次のように指摘していました。「労働の自由な循環」こそが自由貿易の土台である、と。しかし、ふつうの労働者は、住んでいる家もあり、養わなければならない家族もあり、身動きならない状態に置かれています。他方、金持ちや特権階級は保護されているのですから、その結果は明々白々です。かれら金持ち特権階級は、周りから認められ、実際、賞賛されているので、自由に移動もできるのです。

労働者を不安定な地位に追い込むこと

支配階級の経済政策は、労働者の地位をより不安定なものにしていくことに向けられています。連邦準備制度理事会FRBの議長アラン・グリーンスパンは、議会の証言台に立ったとき、経済政策が成功した理由を次のように説明しました。わたしの成功の秘密は、労働者をさらにいっそう不安定な状態に置いたことにあった、と。

かれはそれを「労働者のより大きな不安定化」と名づけています。労働者の身分を不安定な状態にしておけば、非常に管理統制しやすいというわけです。そうすれば労働者は、適正な賃金を要求したり、適正な労働条件を要求したり、あるいは労働組合をつくる自由を求めることはなくなるからです。そうして、いま仕事があるだけで喜びを感じ、たとえ汚い仕事をしなければならなくなったとしても気にかけもしなくなる、というわけです。

繰り返しになりますが、労働者を不安定な地位にしておけば、適正な賃金を要求したり、適正な労働条件を要求したり、豊かな福祉を求めたりすることはなくなる――一部の経済学者によれば、これこそが健全な経済だと考えられているのです。

「労働者を不安定な位置に追い込めば経済は健全になる」
米国上院「銀行・住宅・都市問題」委員会での証言　FRB議長グリーンスパン　一九九七年二月二六日
▼97ページ参照

したがって、アメリカの民衆が経済の停滞のなかで、過去三〇年間維持してきた生活水準をそのまま保ちたいのであれば、まず第一にしなければならないのは、自分の労働時間を増やすことだけです。アメリカの労働者の労働時間は、ヨーロッパと比べれば、かけ離れたひどさです。しかも手にする福祉は減らされる一方です。だから人びとはなんとか借金でやりくりしているのです。

もし労働者の不安定さがこのまま増大していけば、人びとは自分の昔の生活水準を維持しようと、ますます深く借金地獄と長時間労働に追い込まれていくことでしょう。将来値上がりするからと騙《だま》され、借金をして、なんの価値もない住宅を買い込むのです。

しかし、これらはすべて富への幻想にすぎません。金融機関のふりまく幻想にすぎません。かれらの言い分では、こうして手に入れた富を使えば、将来の購買にも役立つし、自分の将来の貯金にも回せるし、子どもの教育にも回せるということですが、もちろん事態はそんなふうには進みません。

先にも述べたように、現在のアメリカの労働者の労働時間は、世界の諸国と比べてもはるかに長くなっています。それは、労働者を従順にする効果ももっています。なぜなら、自由な時間が少なくなり、レジャーに出かける時間もありませんし、ゆっくりものを考える時間もありませんから、ますます上からの命令に従うようになるわけです。それが労働時間延長の巨大な効果です。

さらに、いまや生きていくためには、夫婦共稼ぎが当たり前になってきていますが、その結果、家庭は崩壊しつつあります。アメリカにはヨーロッパや日本に見られるような子育てを支援するための公的援助が何もないからです。

もし現在の社会的経済的傾向がこのまま続けば、わたしたちの孫世代の一部には、中国の南西部に仕事を発注する会社の幹部になる人が増えてくるかもしれません。これらの専門的部門では、より多くの就職口が増えるでしょうから。しかし、他の大多数の民衆には、基本的には、マクドナルドで働くようなサービス業の仕事しか残されていません。しかし、「人類の支配者」にとっては、それも悪くはないのです。なぜならそれは、かれらの利益をつくりだすからです。

以上述べた金融化と企業の海外移転は、アメリカ社会を悪循環へと誘い込む二つの過程でした。それは、富と権力を一部の集団に集中させるという悪循環です。

先にも述べましたが、製造業者は引き続き大儲けをしていますが、それは国内ではなく、国外においてです。アメリカの大企業は、その利益の大半を海外から得てきているのです。

しかもそれは、他方で、あらゆる種類の「負の機会」をつくりだすことに貢献しています。かれらはその機会を利用して、アメリカ社会を維持するためのツケ（負担）を、残りの国民の肩に背負わせようとしているのです。これが悪循環の二つの過程です。

金融化と海外移転に対抗する闘い

この間、さまざまな努力が積み重ねられ、なんらかのかたちで金融業を規制する法案を復活させようとする動きもありました。そのひとつがドッド＝フランク法*です。しかし、経済界は激しい議会工作・ロビー活動を展開し、そのような法案の抜け道をつくろうとしてきました。その結果、実態のない幽霊銀行の多くがロビイスト（議会工作員）の圧力で規制から外されました。

富と権力の拡張を妨げるいかなる規制も許すまい、とする権力体制側からの圧力が今後も続くことに、疑いの余地はありません。そのことに対抗する唯一の勢

＊ドッド＝フランク法
二〇一〇年、オバマ大統領によって成立した、ウォール街改革・消費者保護法。リーマンショックの再発防止のために、大恐慌後の規制の撤廃後におこなわれた最大の変革。しかし、新たな金融危機や破綻金融機関の税金による救済を予防するには不十分という批判がある。だが他方では、金融機関を不適切に制限しすぎるものだという批判もあり、トランプ大統領は、これを見直すとの大統領令に署名し、二〇一七年六月、まずは下院にて、見直し法案が可決された。

力は、わたしたち民衆以外にありません。かれらと闘って民衆がいかに権力を取り戻すか、それが重要なのです。

その闘いの程度に応じて、効果的な制度をつくりあげることも可能になってきます。それは単に銀行を規制する制度だけではなく、自分たちが自分たちの正当性を公然と主張できるようになる制度です。そのような制度は、あらゆる金融機関に広く提示され、実行責任を負うよう義務づけるものでなければならないでしょう。


そのためには、民衆の側に、さらなる組織化と、ひたむきで献身的な活動が求められますが、その際、重要なのは、金融機関を規制するだけではなく、そもそも、そのような金融機関がなぜ必要なのかと、問いかけることです。

思い出してみてください。アメリカに製造業がないということは、自然の法則ではないのです。なぜ経営者は海外移転というような決定をしなければならないのでしょうか。なぜそのような決定が、直接に利害関係をもつ人たち（いわゆるステーク・ホールダー）、つまり、働く人たちや働く人たちの住む共同体の手に委ねられてはいけないのでしょうか。

より具体的に言えば、鉄鋼産業に起きることを、なぜそこに働く労働者やその工場が存在する地域共同体が決めてはならないのでしょうか。もっとはっきり言えば、なぜそこに働く労働者や地域共同体が、その鉄鋼会社を経営してはならないのでしょうか。

これらは非常に具体的で目の前に迫っている疑問です。実際、わたしたちは絶えず同じような事例を目にしているからです。もし工場が海外移転してしまった地域に十分な民衆運動の活動が展開されていれば、わたしたちの求めているものを製造する工場がいまでも存続していたことでしょう。その衝撃的な事例を次に紹介しましょう。

住宅バブルがはじけ、金融危機が起こったとき、みなさんは覚えておいででしょうが、政府は自動車産業をそっくりそのまま接収しました。それは事実上の国有化であり、その企業は政府管理下に置かれることになりました。それは言ってみれば、国民の管理下、国民の手に委ねられたことを意味します。政府は国民の税金で成り立っているからです。

だとすれば、国民にも選択する権利はあります。どういう道を選ぶかを決める権利が国民にもあったことを意味します。もし民衆が十分に組織化され、活発な運動を展開していれば、その自動車産業をどう扱うべきかを決定する選択肢が、わたしたちに与えられただろうということです。

不幸なことに、当時はそのような十分な運動も組織も活発に展開されませんでした。その結果おこなわれたことと言えば、当然の成り行きとして、権力層に利益をもたらすことだけでした。その企業は、自己破産者として納税を免除され、そして多少の顔ぶれは変わったとはいえ、基本的には同じ所有者に返却されただけでした。そして、同じ銀行、同じ監督機関の下に預けられ、いままでつくってきたものを、再びつくり続けているというわけです。

しかし、ほんとうはここにもうひとつの可能性がありました。この会社が、そこに働いていた労働者と地域共同体に引き渡される可能性があった、ということです。そうすれば、かれらはその会社についてどうするか、何をなすべきかについて、もっと民主的な決定をすることができたでしょう。おそらくかれらの決定は、これはあくまでわたしの希望が含まれているのですが、この国が喉《のど》から手が出るほど必要としていたものを生産するというものになったことでしょう。

それはむしろ路上を走る車ではなく、もっと自分たちの利益に役立つ、効率よく大量の人を運べる輸送機関です。それは孫の世代の利益にも役立つものです。もし持続可能な世界を求めているのであれば、それは自動車ではなく、もっと効率的な輸送手段を求めることになるだろうからです。そのような輸送機関を製造するためには、設備を大幅に変更する必要はあるでしょうが、それはたいしてお金のかかることではありません。それどころか、それはそこに働く人たちや地域に有益なだけではなく、アメリカ人全体にとっても、アメリカの未来にとっても非常に有益です。

それがもうひとつの選択肢でした。同じようなことが、アメリカ全土のあちこちで、常に絶え間なく起きていることなのです。

このアメリカは、世界でも希《まれ》な国のひとつです。どういう意味で珍しいかというと、発達した資本主義国のなかで高速鉄道をもたない国は、アメリカぐらいしか存在しないからです。たとえば、中国の北京からカザフスタンまで、すでに高速鉄道が通っています。ところが、このアメリカではニューヨークからボストンまですら高速鉄道が存在しないのです。いまわたしが住むボストンでは、多くの人が毎日、通勤のためだけに車でなんと三時間も四時間もかけているのです。これは信じがたい時間の浪費です。

これらのすべては克服可能です。合理的な輸送手段を導入しさえすればいいのですから。それはまた同時に、わたしたちが直面している大きな問題を解決するのに貢献してくれることにもなるでしょう。すなわち、環境破壊という問題です。大小含めてまだまだ多くの問題が残されていますが、環境破壊はわたしたちが努力すれば解決可能な問題のひとつです。

いずれにしても、合州国の製造業が、民衆の利益のため、言い換えれば、一般の労働者、消費者、そして世界の未来のために、すべきことはまだまだあります。してはならないことなどありませんし、それができないという理由もありません。それらは実行可能なことなのです。

SOURCES #3-1

「“短期利益”中心主義に終止符を」

ウォールストリートジャーナル紙　ジャスティン・ラハル　二〇〇九年九月九日

投資家・重役会・経営者の短期利益に重点を置く方針は、経済にきわめて有害な状況となってきた。だから、かれらが振る舞いを自発的に変えない限り、行政当局による介入が必要だ。

――これは水曜日に発表されるアスペン研究所*の声明によるものだが、その声明の署名者のなかには、バークシャー・ハサウェイ*の最高経営責任者ウォーレン・バフェット、バンガード・グループ*の創設者ジョン・ボーグル、IBMの元最高経営責任者ルイス・ガースナー、その他がいる。

「短期利益だけを追い求める活動が、アメリカの自由主義の土台だった『企業への信頼』を破壊してしまった。それこそが、詰まるところ、われわれの経済の土台だったのに…」と声明は述べていた。この声明には、二八人の著名な経営者・投資家・研究者らが署名していた。

＊アスペン研究所
「専門分野にとらわれ、全体像を見失っている」。近代社会へのこうした警句を受け、知的な交流の場を提供すべく誕生した研究所。

＊バークシャー・ハサウェイ
ネブラスカ州オマハに本社を置く世界最大の投資持株会社。会長は著名投資家のウォーレン・バフェット。ニューヨークタイムズ紙に「俺たち大富豪を甘やかすのは止めろ」と累進課税の勧めを載せて有名になった。

過去数十年以上、投資家は短期の利益にますます集中し、取引の頻度は激しくなる一方だった。たとえば一九九〇年、ニューヨーク証券取引所における株式の平均保有期間は二六か月だったが、現在では九か月未満である。

それと同時に、企業はますます短期の利益獲得に焦点を当てるようになった。経営者が目先の目標（たとえばアナリストによる四半期の業績見通し）を追うことに集中して、その結果、しばしば、長期的成長をめざした研究開発や日常の堅実な営業などに目をつぶることになったからである。

*バンガード・グループ
ペンシルベニア州バレーフォージに拠点を置く世界最大級の投資信託運用会社。「長期・分散・低コスト」での投資を提唱している。

SOURCES #3-2

「同業組合法が『労働の自由な移動』を妨げている」

アダム・スミス*『諸国民の富、その本質と源泉への探求』一七七六年

ヨーロッパの政策は、〝完全な自由に委ねない〟ということによって、別の大きな不平等を引き起こしている。

それは、おもに次の三つのやり方による。第一に、いくつかの同業組合で、人数・競争を制限することによって。それが、自由競争なら仕事を得たであろう人から機会を奪っ

*アダム・スミス
著書『諸国民の富、その本質と源泉への探求』は、一般的に『国富論』という邦訳名で流布されている。

ている。第二は逆に、人数や競争を本来求められているよりも増大させることによって。第三に、労働と資本の自由な流れを妨げることによって。

こうして、雇用と雇用の間の移動、地域と地域の間の流れが滞《とどこお》る。・・・

三つ目の問題。ヨーロッパの政策は・・・ときとして、きわめて不都合な不平等を引き起こしている。それは全体として種々の雇用の有利・不利に由来する。

徒弟条例は、同一地域においてさえ、ある職業から他の職業へという労働の自由な移動を妨げる。同業組合の排他的特権は、同一職業であってさえ、ある場所から他の場所へという移動を妨げる。・・・

ある職業から他の職業へという労働の自由な移動を妨げるものは、同様に、資本の自由な移動をも妨げる。ある職業で使用される資本の量は、そこで使用される労働の量に依存することがきわめて大きいからだ。

とはいえ、同業組合法が資本の自由な移動を妨げる度合いは、労働の自由な移動を妨げる場合よりもはるかに少ない。富裕な商人が同業組合の支配する町で営業する権利を得るのは、貧しい職人や職工がそこで仕事をする権利を得るよりもはるかに容易だということである。

同業組合法が労働の自由な移動を妨げているのは、わたしの信じる限り、ヨーロッパのどの地方でも共通にある。しかし、救貧法*が労働の自由な移動を妨げているというのは、わたしの知る限り、イングランドに特有のものである。貧者は、自分の属する教区以外では、定住するどころか勤労することさえ困難だからである。

自由な移動が同業組合法によって妨げられているのは、職人や職工の労働だけだが、定住地を得ることの難しさは、他の一般的な労働者の移動すらも妨げることになっている。イングランド行政のあらゆる混乱のなかで、おそらく最大のものであるこの混乱の、発生・推移・現状について、いくらか説明をすることは、価値があることであろう。

*救貧法
イングランドとウェールズにおける貧者救済を目的とした法律。一六世紀に始まり二〇世紀まで続いた。福祉国家イギリスの出発点となり、諸外国も福祉制度の導入にあたって参考にした。

SOURCES #3-3

「労働者を不安定な地位に追い込めば経済は健全になる」

米国上院「銀行・住宅・都市問題」委員会での証言　FRB議長グリーンスパン　一九九七年二月二六日

労働に対する名目上の報酬、とくに賃金部分の減少が加速していることが、昨年以上に明白になりました。賃上げ率は、これまでの労働市場が予測するよりもはるかに小さいものでした。

賃上げを抑制する傾向は数年前から顕著でしたが、これは主として労働者の不安定さが増した結果であると思われます。一九九一年、景気後退が最悪だったとき、調査会社インターナショナル・サーベイ・リサーチ・コーポレーションがおこなった調査では、大企業の労働者の二五％が解雇を恐れている、と述べていました。ところが、同じ調査会社による一九九六年の調査では、それが四六％になっています。

労働者がいまの仕事を辞めたくないと考えるのは、別の雇用を求めても労働市場が縮小しているからです。これは、労働者の関心が、雇用契約を長くしたいという方向に向かっていることを示しています。この何十年もの間、雇用契約が三年を超えることは滅多にありませんでしたが、今日では、それが五〜六年に移行する可能性があります。

大まかな特徴を言えば、賃上げよりも雇用の安定を強調する契約です。「賃上げは小さくてもよいから雇用の安定」を求める契約への移行です。近年は就業停止（ストライキ）も少なくなってきていますが、これも、雇用の安定に対する懸念を証明しています。

このように、「雇用安定のため、少ない賃金増で妥協する」という近年の労働者の意向は、資料で十分に裏付けられていると考えています。

原理 4 負担は民衆に負わせる

いわゆるアメリカンドリームというものは、他の夢や理想と同じように、たぶんに象徴的なものでした。しかし、かなりの真実も含まれていました。たとえば一九五〇年代、六〇年代は、アメリカ経済の歴史のなかで、もっとも大きな成長があった時期でした。いわゆる「黄金時代」です。

それは貧富の格差の少ない経済成長でした。だから人口の下位五分の一の生活水準は、上位五分の一と同じ程度によくなりました。しかも、福祉国家としての政策もあり、国民の大半の生活を向上させました。たとえば、黒人でさえ自動車工場でそれなりの仕事を得ることができ、家や車を買うことができました。そして子どもを学校へやることもできました。同じような現象はアメリカ全土で見られました。

当時のアメリカ産業は製造業中心でした。だから生産物の買い手をこのアメリカで見つけなければなりませんでした。だからこそ、自動車会社フォードの社長ヘンリー・フォードは、自分の雇っている労働者の給料を二倍に引き上げたのです。そうすれば、かれらは自分たちの製造する車を買うことができたからです。

「従業員の最低賃金をなぜ二倍にしたのか」ヘンリー・フォード　一九一四年
▼117ページ参照

プルトノミー（金持ち経済圏）とプリケアリアート（超貧困階級）

最近、アメリカ最大級の銀行のひとつであるシティグループが、自分たちの研究を一冊の本にして出版しました。それは投資家たちのための研究で、そのなかで新しい用語を提起しています。それがいわゆるプルトノミー（金持ち経済圏）という用語です。つまり、豊かな富をもつ人たちだけを相手にする経済です。アメリカの富のほとんどすべては、かれらのところに流れ込んでいるのですから、かれらこそが経済の主要な牽引者《けんいんしゃ》だというわけです。

シティグループは一九八〇年代の半ばから、「プルトノミー投資目録」というものをつくりはじめました。それはちょうど、レーガン大統領やサッチャー首相が超富裕層をさらに豊かにし、その他の残りすべての人を貧困に追い込む政策を

『プルトノミー：世界経済の不均衡、商売するなら金持ち経済圏で』シティグループ　二〇〇五年一〇月一六日
▼118ページ参照

強力に推し進めた時期と時を同じくしています。

シティグループは研究報告のなかで、自分たちの投資目録が市場で最高の利益を上げてきたことを指摘し、投資家たちに、だからプルトノミーに投資を集中させるべきだ、と呼びかけています。つまり、世界人口のほんの一部の人に富が集中しつつあるのだから、そこにこそ投資の焦点を当てろ、というわけです。残りすべての人たちについては、忘れてもらって結構、というのがかれらの主張でした。

投資家たちが国際的なプルトノミー（金持ち経済圏）へと移りつつあるのだから、アメリカの消費者の生活がどうなろうと、シティグループの人たちはほとんど関心をもちません。民衆の大半は大企業が製造するものを買ったり消費したりする余裕はまずないのですから、そんな民衆の動向は、投資を考える際の材料にはならないわけです。

経営者や投資家たちの目標は、次の四半期の利益を上げることです。たとえそれが、物《もの》の製造ではなく金融操作に基づくものだったとしてもかまいません。かれらの目標は高い給料、高いボーナスを得ることなのですから。そして必要ならば海外でも製造します。販売対象は、この地アメリカの富裕層と同じく、海外の富裕層です。海外といっても、いわゆる英米圏、すなわち合州国、イギリス、カナダなどの国ですが、市場は他の地域に広がっていく可能性もあります。アイフォンなどの携帯電話は、英米圏だけではなく他の地域でも売れますから。

かくして、アメリカ社会の健全度に対する経営者や投資家の関心は低下する一方です。六〇年以上も前に、ゼネラルモーターズ社GMの社長ウィルソンが言った台詞《せりふ》「アメリカにとってよいことは、GMにとってよいことだ。その逆もまたしかり」は、いまとなっては完全な嘘でした。現在の金融化と海外移転の経済という流れのなかでは、そのことは、ますます真実味を失ってきています。

もちろん、かつての経営者が自分の給料に関心がなかったわけではありません。しかし、現在の経営者にとっては、それだけが最大の関心事になってしまっているのです。かつての経営者の頭にあった、会社の活力、国家の活力というものは、かれらの頭から消えつつあるのです。

このような傾向は、一九七〇年代の後半に起きた大きな経済的変化から始まったものです。この経済的変化というのは、先の章でお話ししたように、まず第一

「わが国によいものはGMにもよい。その逆もしかり」
米上院軍事委員会の公聴会
チャールズ・E・ウィルソン　一九五三年
▼121ページ参照

に、経済の金融化でした。すなわち、投機、複雑きわまりない金融商品の創出、怪しげな金融操作です。そして第二に、企業の海外移転です。

経営者の観点から言うと、「国家の長期的な未来」などということは、もはや重要なことではありません。かれらにとって重要なのは、社会の一部の階層だけ。なぜなら、そのような階層の人たちが、経営者の集中した特権を支えてくれているからです。こうして、経営者たちは、それまでとはまったく違った態度をとるようになりました。

このように述べると、経営者には国家に対する関心がないように聞こえるかもしれませんが、そうではありません。経営者にも強力な国家は必要です。なにしろ国家は、研究開発の補助金を出してくれるだけではなく、経営がうまくいかなかったり破産したときには助けの手を差し延べてくれる存在なのですから。さらに、国家には、世界の市場を支配するための強力な軍隊をもってもらわねばなりませんから。

けれども、その四分の三が貧困に陥っている国民に対する関心は、低下する一方です。まして、次の世代に何が起きるか、どうなるかなど、なおさら眼中にありません。

こうして、いまやプルトノミー（金持ち経済圏）はますます勢いを増しつつあります。アダム・スミスの言う悪《あ》しき格言「すべては自分のため、他人《ひと》のことは忘れろ」に従っているわけです。

では、かれらの眼中から消えてしまった多くの民衆についてはどうでしょうか。これについては、シティグループの研究書では面白い言い回しを使っています。そこでは、その貧しい大多数の民衆を「プリケアリアート＝プリケアリアス（超貧困な）＋プロレタリアート（労働者階級）」と名づけています。つまり、ますます不安定な生活に追い込まれている世界中の労働者のことです。

いまや世界にはそのような生活貧困者があふれています。毎日毎日の生活が不安定で、なんとかやりくりしていても、その多くが超貧困のなかに追い込まれ、さまざまな点で生活難に襲われています。そこで出てくるのが、シティグループの例の忠告、すなわち、投資家たちはプルトノミー（金持ち経済圏）だけに焦点を合わせなさい、というわけです。

これは実に深刻な問題です。わたしたちの世界はいまや崖っぷちに向かって進んでいるというのに、「世界の支配者」にとってはたいした問題ではない。「より多くの利益を得ることができる限り、孫の世代がどのような世界に住むことになろうともかまうものか」――これがかれらの国家に対する姿勢を決めている考え方です。

このような社会の分裂は、いまや世界共通の現象です。たとえば、中国でも同じことが起きています。中国の労働者は強く抑圧され、独立した労働組合はほとんどありません。毎年、何万件もの労働争議があります。その一方で、超富裕層が存在しています。インドでも貧富の格差は広がり、それは中国をはるかに超えています。

ただラテンアメリカの一部では、少し風向きが変わりつつあります。たとえばブラジルは、ラテンアメリカではもっとも重要な国のひとつですが、そこでは非常に重要な試みがおこなわれてきました。過去一〇年間続いてきた極端な不平等と、目を覆うような貧困と飢餓に対処しようとする新しい政権の誕生です。

しかしながら、ブラジル*のようなところを除けば、世界のほとんどの地域において、シティグループの指摘は正しい。一方の極に、超豊かな富裕層が存在し、残りの貧しい民衆は、何とかやりくりしながら生き延びるだけの毎日です。

＊ブラジルの現状
中南米では、アメリカが裏で支援する軍事独裁政権が続き、極端な貧富の格差が生まれていたが、ベネズエラでチャベス政権が誕生してから流れが大きく変わり、ブラジルでも民政移管後の選挙で労働者党のルーラ政権が誕生してからは貧困撲滅政策が強力に進められた。
しかし、ルーラ大統領のあとを引き継いだルセフ女史は、アメリカが後押しをする勢力による議会内クーデターによって政権を追われ、それに反発する国民も少なくなく、ブラジルはいまや（二〇一七年九月現在）混乱状態にある。

金持ち減税

アメリカが大きな経済成長を遂《と》げていた期間、すなわち一九五〇年代、六〇年代（実を言うと、それよりもっと以前でさえ）、金持ち個人に対する税金は現在よりもはるかに高いものでした。法人税はそれよりももっと高かった。そしてさらに驚くべきことに、株の配当に対する税金はさらに高いものでした。要するに、富に対する課税率は、現在と比べればはるかに高いものだったのです。

ところが、いまやそれは大きく修正されてしまいました。超大金持ちに対する税金は低くなる一方です。そして、それに反比例して民衆への税金は増大化していきます。そのように税制が組み替えられてきたのです。しかも、所得税と売上税（消費税）だけで、株の配当には課税されない方向へと進んでいるのです。

所得税や売上税はすべての人が払わなければなりませんが、株の配当金への税金は、事実上、金持ちだけに課せられることになります。これが富裕層にとっては許せないというわけです。こうして、税負担の仕組みがまったく変えられてし

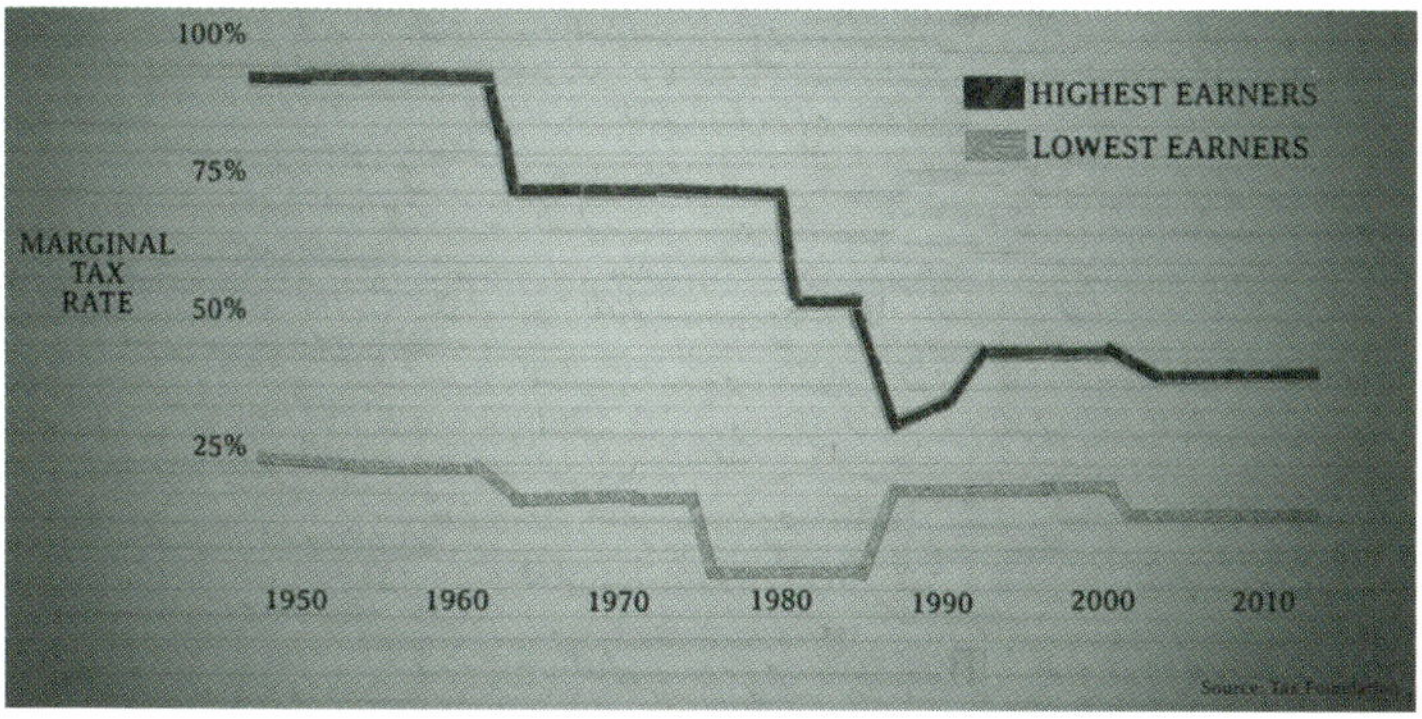

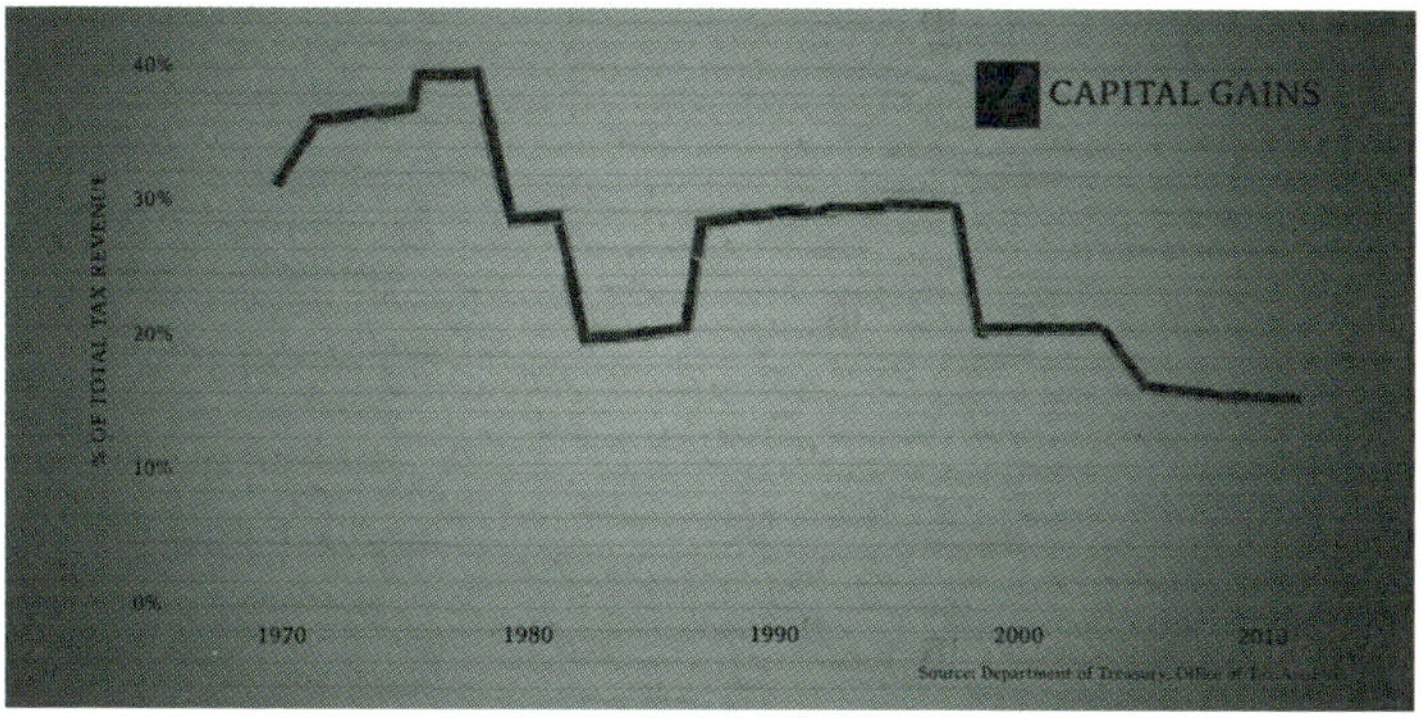

＊上の図で、上段のものは一九五〇年から二〇一〇年の六〇年間で、富裕層と貧困層の税率がどのように変化していったかの推移を示している。これを見ると、富裕層の税率（九〇%を超えていた）がどんどん低下して半分以下になっているのに、貧困層では横ばい状態であることがわかる。
下段の図は、国家税収全体における「キャピタルゲイン（株式譲渡益）」の比率が、先と同じ六〇年間で、どのように推移したかをしめしたものである。これを見ると、株で大儲けしている投資家からの税収が、かつては四〇%近くもあったのに、いまでは二〇%以下にまで下落していることがわかる。

まったのです。民衆の負担額たるや、いまや衝撃的なものです。

これにも、もちろん、もっともな言い訳がついています。「だって、そうしたほうが投資も増えるし、仕事も増えるじゃないか」と。しかしそのことを正しいと証拠立てるものは、いまのところ、ひとつもありません。

考えてもみてください。仕事を増やし、投資を増やしたければ、需要を増やしさえすればよいだけです。もし需要が増えれば、投資家はその需要を満たすために投資するでしょう。だから、投資を増やしたければ、貧しい人たち、働く人たちにお金を与えればよいのです。そうすればかれらは、それを高価なヨットやカリブ海の休暇には使わないで、生活必需品の購入に充てるでしょう。かれらは毎日の生活のために自分たちの収入を使います。そのことが生産を刺激し、投資を刺激し、同時に仕事を増やすことにつながっていきます。

もちろん、あなたが「世界の所有者（ご主人）」のための御用学者であれば、違った考え方をとるでしょう。しかし、たとえそうだとしても、それにはなんの証拠もありませんし、経済的に考えてもほとんど意味をなすものではありません。

実際、国民の税金でゴールドマン・サックスのような大企業が救われたことを

『経済調査：所得格差の増大が米国の経済成長をいかに弱体化させているか、そして、その潮流を変えることはできるか』
スタンダード&プアーズ　二〇一四年八月五日
▼122ページ参照

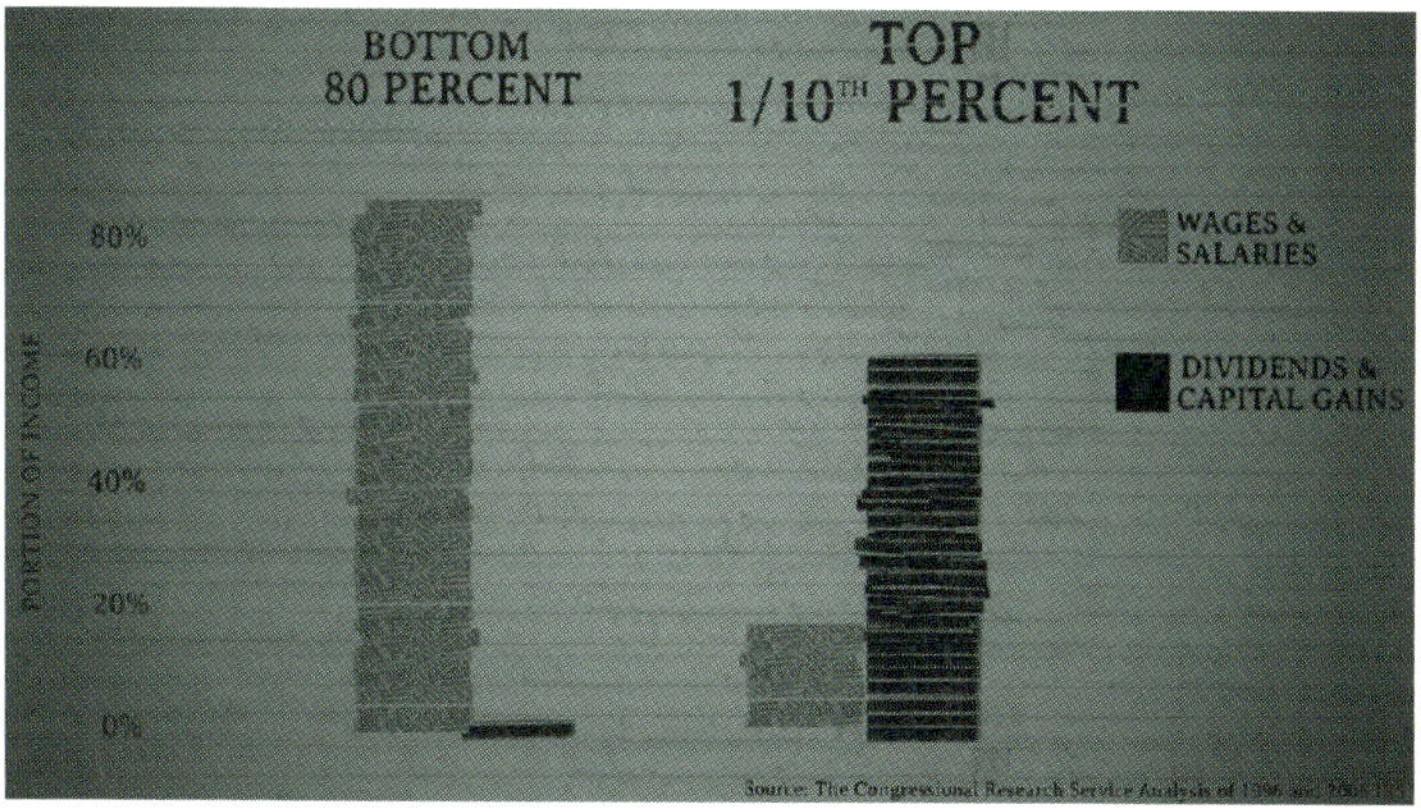

見れば、企業のお金は庶民の財布から出てきたものだということがわかります。これだけでも、御用学者の言い分は意味をなさない、馬鹿げた考え方だということがわかるはずです。

金融危機を引き起こした張本人のひとりのゴールドマン・サックスがいまや再び大金持ちになっているのは、政府が救済したからであり、その救済金は国民の税金でした。そのかれらは現在、たっぷりお金を貯め込んで、次の金融危機に備えています。

このようなことを見ればわかるように、超富裕層の手にどれだけお金を流し込んでも、真の意味での投資を増大することにはなりません。かれらが使っている「仕事」という言い回しは、一種の比喩にすぎませ

＊上の図は、アメリカ人の所得を、「賃金・給料」によるものと「配当金・株式譲渡益」によるものとに大きく二分し、それが、下位八〇％の者と上位〇・〇一％の者とでは、その比率にどのような違いがあるかを示したものである。これを見ると、下位八〇％の勤労者は、年収のほとんどが「賃金・給料」であるのに反して、超富裕層の年収の大半は「配当金・株式譲渡益」によるものであることが、はっきりわかる。

ん。単に金持ちの手に巨大な資本を集中させ増大させることを意味するだけです。それに伴って起きるのは、真の意味での経済の活性化ではなく、残り大多数の民衆の失業と賃金の低迷だけなのです。

これはまさに予想されたことでもありました。「自分の利権を最大化せよ」という悪《あ》しき格言に従おうとする人たちの手に権力を渡せば何が起きるか、それは十分に予想されたことでした。かれらは、例の行動原則「すべては自分のため、他人《ひと》のことは忘れろ」に従っているのです。

実際、ゼネラルエレクトリック社GEは巨大な利益を上げているにもかかわらず、税金を一切払っていません。かれらはこうして得た巨大な利益を、どこか余《よ》所《そ》に移すか、留保金としてとっておいています。もちろん将来それで税金を支払おうと思っているからではありません。留保金という名目なら、無税になるからです。それがアメリカの大企業でふつうにおこなわれている慣行だからです。

こうしてアメリカの大企業は、アメリカという社会と国家を支えていくための負担を、自分たちはほとんど背負うことなく、残りの民衆の肩に移し替えているのです。

税金の負担を富裕層にも担わせる闘い

金持ちに対する課税率を引き上げるという問題は、いまや多くの人に強く支持されるようになってきています。二〇一六年の大統領選挙でドナルド・トランプを支持していたような人たちでさえ、その政策を支持しました。

調べてみればわかるように、金持ちに対する課税は、従来であれば社会主義者と呼ばれる人たちが支持してきたものでしたから、これは驚くべき変化です。トランプの支持者でさえ、「政府を倒せ、教育や健康に金を使え、障害児をもつ女性に援助しろ」と叫んでいたのです。

ただし、ここで興味深いことに、かれらのスローガンのなかには、社会福祉という言葉はありません。そのような用語は、いまのアメリカでは悪魔化されているからです。ロナルド・レーガンが大統領だったとき、かれがよく言っていたのは、社会福祉は貧しい黒人が政府の金庫からお金を盗むのを許すようなものだ、ということでした。こういう言い方をされれば、福祉政策を望む人はいなくなってしまいます。けれども、実際のところ、福祉政策がおこなっているようなことは誰もが望んでいることでした。民衆はみな、そうした政策を支持しました。

同じことは、二〇一六年の予備選のバーニー・サンダースの選挙運動でも、アメリカ全土で見られました。かれの見解や姿勢は非常に具体的なもので、圧倒的な多数とは言い難いにしても、多くの民衆からの支持を得ていました。しかし、大手メディアがそれを取り上げるようになったのは、予備選の終盤になってからにすぎません。

サンダース氏が呼びかけた「政治革命」は正しいものでしたが、実を言うと、それほど驚くべきものではありませんでした。というのは、共和党のドワイト・アイゼンハワー大統領*ですら、同じ内容のことをすでに言っていたからです。このことは、現在のアメリカの政治地図が、全体として、いかに右寄りのものになっているかを示すものだと言えます。つまり民衆の求めているもの、かつては政治の中心だったものが、いまでは非常に過激で、非常に急進的なものに見えてしまうほど、政治が右傾化してきているのです。

このように大きく右旋回してしまっている政治の流れを、いかに元の流れに押し戻すのか？　それがいま、まさにわたしたち自身の肩にかかっています。

*ドワイト・アイゼンハワー大統領
一九四五年末まで第二次世界大戦のヨーロッパ戦線における連合軍全軍の最高司令官。のちに、一九五三年一月に第三四代大統領に就任。

現在の民主党の姿勢は、かつては共和党の穏健派と呼ばれていた人たち、たとえばみなさんがよくご存じのネルソン・ロックフェラーがとっていた政治姿勢とそっくりです。それがいまの民主党の基本姿勢なのです。では共和党はどうかというと、あまりにも右に行き過ぎてしまって、政治地図から、はみ出てしまっています。かれらはもはや政党とは言えない存在になってしまっているのです。

共和党は、超富裕層や大企業にひたすら献身する存在になってしまっていますから、自分たちの選挙公約をもとにして有権者から票を得ることは、もはや望めません。だから、かれらが選挙の際に動員しようとしたのは既成の組織でした。ただし、ともに手をつなぐことができるような、ふつうの組織ではありません。かれらが動員したのは、エバンジェリカル（福音主義者）*とか、ネイティビスト（移民排斥主義者）、人種差別主義者でした。

そしてさらに、かれらが手を伸ばしたのは、さまざまな形態のグローバリゼーションによる犠牲者たちです。いわゆる「グローバリゼーション」は、世界中の労働者をお互いに競争させながら、特権階級や富裕層を守るようにつくられています。この「グローバリゼーション」を推進しようとする政策は、従来の法律や

*エバンジェリカル（福音主義者）
ふつう「原理主義者」と言われると、すぐ思い浮かべるのが、いま中東でテロ行為をおこなっている「イスラム原理主義者」だが、キリスト教にも、教会ではなく聖書（とりわけ新約聖書のなかの福音書）に権威を求める「キリスト教原理主義者」がいて、宗教右派を形成している。アメリカ政界でも大きな影響力を持ち、公教育において進化論を教えることに強い拒否感を示しているのがかれらである。

政策の土台を掘り崩すものでした。

従来の法律・政策は、働く人たちにさまざまな権利や保護を与え、政策への意思決定にも参画できる方策を保障していました。そのような政策決定には、公的部分と民間部分が密接に関連していました。ここで特筆しておきたいのは、従来の法律や政策は、労働運動が大きな成果をあげるのに非常に有益なものだったということです。

そこで、ここにひとつ核心的な問題が浮かび上がってきます。このような、グローバリゼーションという負の流れに反撃し、押し戻すにあたって、大規模な大衆運動が必要なことは理解できるにしても、それを持続し、拡大させ、意味のある大きな勢力に育てることは、ほんとうに可能なのか、ということです。このアメリカでは、グローバリゼーションという流れが非常に醜《みにく》くかつ深刻な事態をつくりだしてしまっているからです。これについては、次の章で述べることにします。

SOURCES #4-1

「従業員の最低賃金をなぜ二倍にしたのか」

ヘンリー・フォード 一九一四年

「経営者・従業員・顧客は、一心同体のものです」

「業界が賃金を高く維持し、価格を低く抑えようとしない限り、その業界自体が潰《つぶ》れてしまいます。そうしなければ、顧客数が限定されてしまいます」

「だとすれば自社の従業員が自社の最高の顧客でなければならないのです」

「高賃金を払い、低価格で売ることで、購買力を拡大する――これこそ、わが国の繁栄を裏で支えてきた考え方なのです」

SOURCES #4-2

『プルトノミー：世界経済の不均衡、商売するなら金持ち経済圏で』
シティグループ 二〇〇五年一〇月一六日

現在の世界は二つの経済圏に分かれている。一方はプルトノミー（金持ち経済圏）で、そこでは経済成長は、裕福な少数の人びとによって活気づけられ、主としてかれらによって消費される。そして、それ以外がもう一方の経済圏ということになる。

かつて世界でプルトノミーが発生したのは、一六世紀のスペイン、一七世紀のオランダ、アメリカでは「金ピカ時代*」と「狂騒の一九二〇年代*」であった。

では、プルトノミーに共通する推進力は何なのか？　それは、驚異的なテクノロジー主導の生産性向上、型破りの金融革新、資本家に好意的で協力的な政府、世界規模の移民と富の創造に活力を与える海外支配、法の支配、そして発明の特許権化。こうした富の荒波は、複雑に絡み合いながら、ともすれば、その時代の金持ちや知識層だけに甘い汁が流れ込むことになる。

・・・われわれの予測によれば、プルトノミー（アメリカ、イギリス、カナダ）では、収入のさらなる不平等さえ見られることになろう。それらの国の経済に不相応な利益配分・収益増加をもたらすからである。その影響は資本主義者に好意的な政府に、さらに技術

*プルトノミー
一部の超富裕層が富を独占する経済状況、あるいは一部の超富裕層だけで成り立っている経済圏。
plutonomyは、ギリシャ語ploûto（富、金権）とeconomy（経済、経済圏、経済活動）を足し合わせた造語。pluto-cracy（金権・支配）↔demo-cracy（民衆・統治）

*金ピカ時代
「金メッキ時代」とも言う。一八六五年の南北戦争終結から一八九三年の恐慌になるまでの二八年間をさし、アメリカ資本主義が急速に発展を遂げ、拝金主義・成金趣味に染まった時代。マーク・トウェインとチャールズ・ウォーナーとの共著小説『金ピカ時代』に由来する。南北戦争から世紀末ま

主導の生産性に、そしてグローバリゼーションに及んでいく。・・・

プルトノミーには、「アメリカ人消費者」や「イギリス人消費者」や「ロシア人消費者」などといったものは存在しない。存在するのは金持ち消費者だけである。数はわずかではあるにしても、かれらの収入と消費は不相応に巨大だ。かれらを除いた残りが「金持ちでない」大多数の大衆ということになる。しかしかれらの取り分は、全体からすれば驚くほど小さな欠片《かけら》にすぎない。・・・

さらに、新興市場の起業家／金権階級。たとえばロシアの新興財閥（オリガーキー）、中国の不動産王／大工場主（タイクーン）、インドの巨大ソフトウェア産業の大物（モーグル）、ラテンアメリカの石油／農業界の男爵（バロン）である。かれらは、グローバリゼーションから不相応に利益を得ることで、発達したプルトノミーの資産市場に、さまざまなかたちで参入することになる。まさに「類は友を呼ぶ」の言葉どおり、「プルトたち（金権階級）」はいっしょに外を出歩くのが好きなのだ。

その反動は起きるか？

・・・少数者の手に富と消費が集中するとしても、たぶん限界がある。伸びたゴムひもがパチンと切れるように。では、その原因になるかもしれないのは、いったい何だろ

での物質万能、趣味俗悪、政治腐敗などを象徴する言葉となった。

***狂騒の一九二〇年代** 第一次世界大戦後、政治が常態に戻り、空前の好景気が続いた。ジャズやダンスが花開き、フラッパーと呼ばれる女性が登場して女性の喫煙も現代的とされた。このように二〇年代は文化的にも「狂騒」の時代だったが、二九年のウォール街の暴落がこの時代の終わりを告げ、世界恐慌の時代に入った。

うか?・・・

ひとつの脅威は、潜在的な社会的反動である。・・・見えざる手が働くのを止めるのだ。社会がプルトノミーを許してきたひとつの理由は、かなりの有権者が、自分たちも「プルトのお仲間」になる可能性があると思っているからだ。それに加わることができるなら、なぜそれを潰すんだい?

ある意味では、これは「アメリカンドリーム」の実現だ。しかし、自分たちは参加できないことがわかったとき、金持ちになることを望むよりはむしろ、俺たちを食いものにしてかれらが儲けた富の分け前を俺にもよこせ、と言いたくなるだろう。

プルトノミーの死は、アメリカンドリームが死んだときか、それとも、社会の大半が自分たちも参加できるとは信じなくなったときか? 答えは、もちろん、そのとおり両方である。

・・・われわれの最終結論は、プルトノミーへの反動は、ある時点で、ほぼ確実に起きるということだ。だが、それはいまではない。

SOURCES #4-3

「わが国によいものはGMにもよい。その逆もしかり」

米上院軍事委員会の公聴会　チャールズ・E・ウィルソン*　一九五三年

ヘンドリクソン上院議員の発言

さて、あなたが所有する株式やゼネラルモーターズ社GMの利益、または他企業の利益に、きわめて不利な決定をあなたが下さなければならない状況が生じた場合、合州国政府の利益のために、その決定をあなたは下すことができますか？

ウィルソン氏の発言

お答えいたします。もちろん、できます。わたしは何年もの間、わが国によいものはGMにもよいと思っていましたし、その逆もしかりです。相違はございません。

*チャールズ・E・ウィルソン
上記の答弁は、当時、アメリカ最大の自動車会社であったゼネラルモーターズGMの社長であったウィルソンが、国防長官に指名され、上院軍事委員会の公聴会で質問されたときのものである。

SOURCES #4-4

『経済調査：所得格差の増大が米国の経済成長をいかに弱体化させているか、そして、その潮流を変えることはできるか』

スタンダード&プアーズ　二〇一四年八月五日

所得格差とその影響という話題は、無数の分析の対象となってきた。世代をさかのぼり、地政学的境界を越えた分析がおこなわれている。この問題は道徳的に語られがちであるが、核心となる問いは経済的なものである。アメリカ経済は所得格差を縮めることで豊かになるか？　という問いである。そして、もし収入の不平等な分配が成長を遅らせるというならば、どの解決法が益より害をなし、どの解決法がすべての人のために経済の総額を大きくできるか、ということである。

この数十年、いや実に何世紀にもわたって、この主題に関する議論があったことを考えれば、その答えが複雑であるということは、驚きではない。ある程度の不平等は、どんな市場経済にも予想されることだ。それが経済を効果的に機能させることを可能にし、投資と拡大を駆り立てているからだ。しかし、過剰な不平等は、成長を徐々に蝕《むしば》むこともある。

所得格差の高まりは、政治的圧力を強め、貿易・投資・雇用を抑える。ケインズが最初に示したのは、所得格差があると、（アメリカ人を含めて）豊かな世帯が、貯蓄を増やし、消費を減少させることだ。その一方で、資力がない人びとは、生きるための消費を継続しようと借り入れを増やす・・・ただしこれは、そういう選択肢を使い果たしてしまうまでのことだ。こうした格差をもはや支え切れなくなったとき、景気が乱高下する悪循環（ブーム・バスト）に陥り、世界的金融不況*のときに見たような大惨事に至る。

極端な経済の揺れは別として、そのような所得の不均衡は、社会的地位の流動性を低下させ、変化の速いグローバル経済では、競争に入れない低学歴の労働力を生むことになる。これは、将来の所得の見通しを暗くし、潜在的な長期成長を減少させる。そして、政治的影響が問題を拡大させるにつれて、身動きできないものになる。・・・

データを再検討し、この問題に関する豊富な研究を通じて、われわれは次のような結論に至った。アメリカの所得格差の現状は、GDPの成長を弱化させつつあり、しかも、この世界最大の経済大国が大不況から抜け出そうと苦戦し、政府が高齢者を支援する資金が必要だとしている時期だけに、事態は深刻である。

***世界的金融不況**（Great Recession）
二〇〇〇年代後半から二〇一〇年代初頭までの間に世界市場で観察された大規模な経済的衰退の時期を指す。他方、一九二九年の世界的大不況は、「大恐慌」「世界恐慌」（Great Depression）と呼ばれているので注意が必要。

原理

5 連帯と団結への攻撃

支配者にとって、民衆の「連帯」というものはきわめて危険なものです。世界の支配者の観点からすれば、わたしたちはただ自分のことにかまけていればいいのであって、他人のことを気にかけてはならないのです。

しかしこれは、かれら経営者が師と仰ぐアダム・スミスのような人たちの考え方とはまったく異なるものです。というのは、アダム・スミスの経済学のすべては、「同情・共感」という人間の基本的な特性にその原理を置くものだったからです。けれども、そのような考え方は、経営者からすると、人びとの頭から取り払わねばならないものなのです。わたしたちは自分のことだけにかまけているべきであり、「他人のことは気にかけるな」という下劣な格言に従わねばならないのです。それは富裕層や特権階級にとっては結構なことでしょうが、残りのすべての人にとっては破壊的なものです。

「極《ごく》悪人すら憐憫《れんびん》の情をもつ」
アダム・スミス『道徳的感情の理論』一七五九年
▼145ページ参照

そこで、この「同情と共感」という人間の基礎をなす感情をひとの頭から追い出すために、多大な努力が払われてきました。そのひとつの例を、社会保障に対する攻撃に見ることができます。

国家の政策を議論する際にいつも大きな話題になるのは、社会保障の危機という問題です。しかし、調べてみればわかるように、実際はそういう危機など存在しません。社会保障は、財政的にはなんの問題もありません。現在も昔と同じように良好な状態です。社会保障は非常に良好に運営されていますから、それを運営するのにほとんど大きな費用はかかっていないのです。いまから二、三〇年後には危機に陥る可能性がないわけではありませんが、それには簡単に解決できる方法があります。

ところが、社会保障の議論になると、いつも議論の中心になるのは、このままだと赤字になる、ということばかりです。なぜなら、社会の所有者・支配者が、社会保障というものを好まないからです。それどころか、かれらはいつもそれを憎んできました。なぜならそれは、一般民衆にとって利益になることだからです。

実は、かれらがそれを憎む、もうひとつの理由があります。それは社会保障が

社会保障法　一九三五年
▼146ページ参照

基づいている原理そのものです。すなわち「連帯と団結」という原理です。連帯というのは、お互いに他者を思いやるということです。社会保障は「わたしは税金を払います。そうすれば、街《まち》の外《はず》れにひとり寂《さび》しく住んでいる未亡人でも、その資金でなんとか生きていく手段を手に入れることができますから」という考え方に基礎を置くものだからです。

国民の大多数にとっては、それが生き抜いていく手段なのですが、富裕層にとって、それはほとんど意味のないことです。だから、かれらは力を合わせてそれを破壊しようと試みるのです。そして、そのひとつの方法が、社会保障の予算を削るというやり方です。気に入らない政策を破壊したいと思うときにいちばん簡単な方法が、その予算を削ったり廃止したりすることなのです。そうすれば、その制度は機能しなくなります。

もちろん人びとは腹を立て、別の方策を望むようになるでしょう。それがかれらの狙《ねら》い・付《つ》け目《め》なのです。そのときこそ、その制度の民営化を提案すればいいのですから。それが、アメリカ国内だけでなく、世界に一般的に見られる政治的手段です。

公教育への攻撃

公教育についても、同じような攻撃を見ることができます。公教育という制度は連帯の原理に基づいているからです。

いまのわたしには学校に通うような子どもはいません。みんな大きくなってしまっていますから。しかし、連帯の原理に従って、わたしは次のように言うでしょう。「わたしは喜んで公教育のために税金を払います。そうすれば、わたしの向かいの家の子どもたちが学校に通えますから」。これがふつうの人間だったら誰もがもつ感情でしょう。

しかし、そのような考え方は人びとの頭から追い払わなければならないのです。「俺には学校に通うような子どもはいない。だったら、なぜ俺が公教育のために税金を払わねばならないんだ。学校を民営化しろ」というわけです。こうして公教育制度は、下は幼稚園から上は高等教育に至るまで、すべてがいま猛攻撃を受けているのです。しかし、公教育はアメリカ社会にとって、宝石のような、護《まも》るべき存在のひとつです。

　再びあの黄金時代に戻ってみましょう。一九五〇年代、六〇年代の、経済が大きく成長した時期です。その経済成長の多くは、無料の公教育のおかげでした。具体的に言うと、第二次世界大戦ののち、復員軍人援護法という法案が成立し、それが復員軍人に大学に行くことを可能にしたのです。思い出してみてください。それは当時の人口のかなり大きな部分を占めていました。復員軍人たちは、この法律がなければ、大学など行けなかったことでしょう。この法律のおかげで、かれらは奨学金によって実質的に無料の高等教育を受けることができたのです。

　わたしは一九四五年に大学に入りましたが、この恩恵に与《あずか》りませんでした。若すぎて、戦地に送られることもなかったからです。しかしそれでも大学教育は無料に近いものでした。わたしの行った大学は、ペンシルベニア大学というアメリカでは非常に有名な名門校「アイビーリーグ」のひとつでしたが、その当時の授業料はたった一〇〇ドルにすぎませんでした。しかも、奨学金を得ることも実に容易でした。

　ただし、ここで注意しておかねばならないことがあります。その時期の大学の

退役軍人の社会復帰を支援する法　一九四四年
▼146ページ参照

卒業生の顔ぶれです。よく見ればわかるように、かれらはすべて白人でした。「復員軍人援護法」や他の社会政策は、実のところ、人種差別の原則に基づいて企画立案されていました。それはわたしたちアメリカの歴史のなかに、深く深く埋め込まれ、いまだに決して克服されていません。

それでも、そういう点を別にすれば、一九世紀から今日に至るまで、アメリカは、大衆的な教育制度をあらゆるレベルで普及するという点において、世界の先頭を走っていました。

しかしながら、いまでは事態はまったく変わってしまいました。合州国の半分以上の州で、州立大学の財源のほとんどは、州政府からの交付金ではなく、学生が自分の懐《ふところ》から支払う授業料になってしまっています。これは、公教育制度を根本的に変えるものでした。

授業料は、いまや学生には恐るべき負担になってきています。原理2でもお話ししたように、よほどの富裕層の出身でない限り、学生は巨大な借金を抱えて大学を中途退学せざるを得ないようになってきているのです。

巨大な借金を抱えると、学生はネズミ取りに捕まったネズミのようになります。

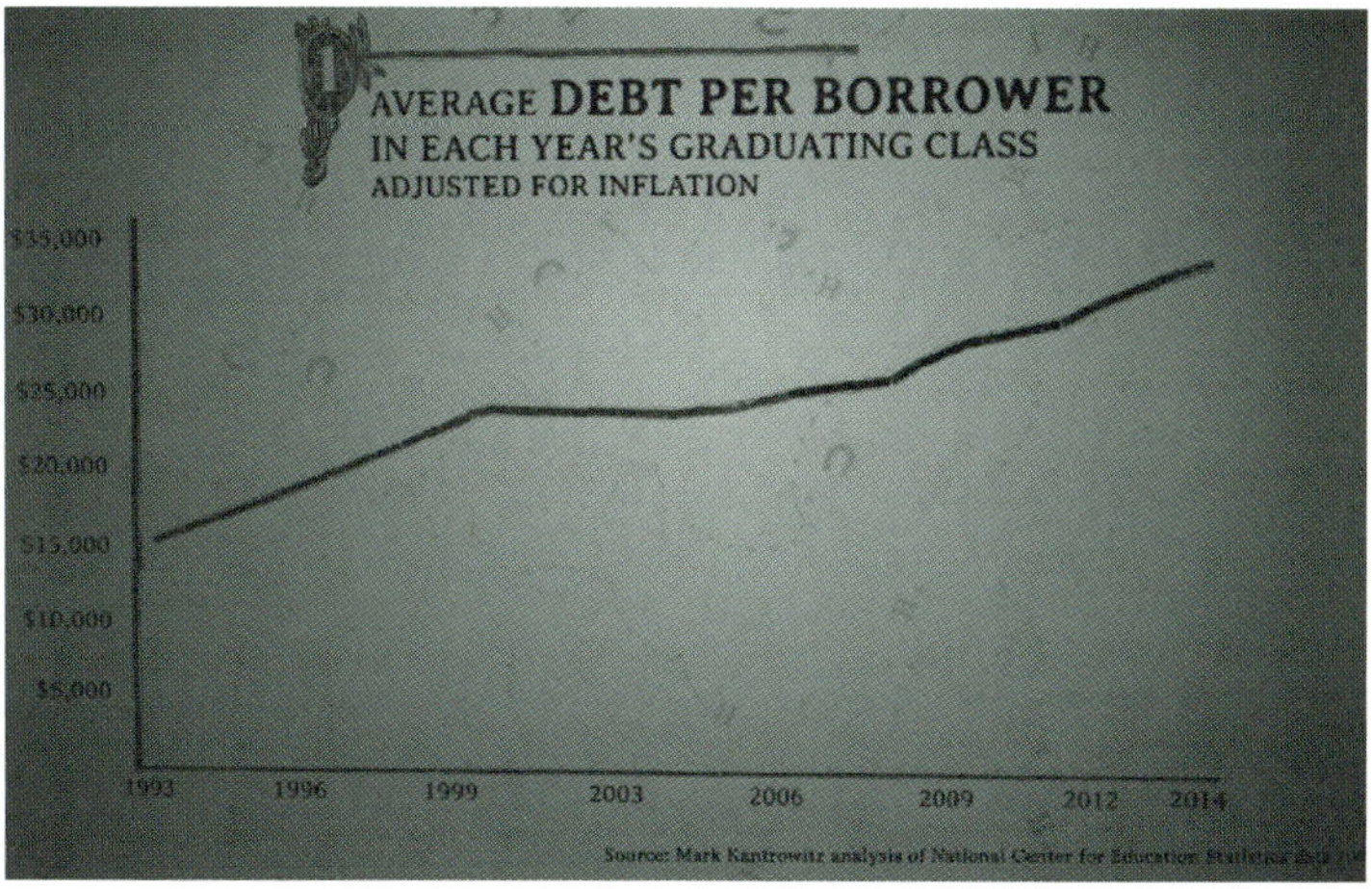

入学当初には、正義のために公的機関で働く弁護士になりたいと思っていた学生もいたでしょう。しかしそのような学生でさえ、このような借金を清算するために、儲けのために動く民間の法律会社に就職せざるを得なくなっていくのです。

そして民間企業・弁護士会社の文化的風土に馴染むにしたがって、二度とそこから出ることができなくなっていきます。正義のための弁護活動ではない、儲けのための弁護活動に疑問を感じなくなったり、それを当然と思うように変わっていくのです。それがアメリカ全土に広がっている風潮です。

＊上記の図表は、学生が卒業時に、平均して、「どのくらいの学生ローン負債額をかかえて卒業するか」を示したグラフである。これを見ると、この二〇年で倍以上の負債額になっていることがわかる。（なお、このグラフはインフレ率を加味したものになっている。）

一九五〇年代のアメリカは、現在よりもはるかに貧しい社会でした。それでも、無料の大衆高等教育、すなわち州立大学を運営することは、いまと比べてはるかに容易なことでした。ところが、いまアメリカ社会は当時と比べればずっと豊かになっているはずなのに、そのような財源はないと主張しているのです。

これがいま、わたしたちの目の前で起こっていることです。これが、アメリカが依《よ》って立つ諸原理に対する総攻撃なのです。その原理は、人間が本来もつ人間的感情に基礎を置くものであっただけでなく、このアメリカ社会の繁栄と健全さの「土台」となっていたものでもあったというのに。

公的医療制度の民営化

このような攻撃が途切れることなく続きました。たとえば「メディケア」と呼ばれる「六五歳以上の老人（および障害者）への公的医療制度」に対する攻撃もそのひとつです。富裕層はこの老人医療制度を少しずつ破壊し民営化しようとしてきました。老人の抵抗や反発を避けるため、用意周到《よういしゅうとう》な計算のもとに。

たとえば、現在のメディケアを改悪するような制度を導入するときは、これは現在五五歳より上の年齢層には適用されない、という条項を入れるわけです。というのは、議会で法案を通そうと思えば、有権者の支持を得なければならず、その有権者の大半は、五五歳以上の年齢層によって占められているからです。

そうやって年配層の利己主義に期待するわけです。年配層の利己主義に働きかければ、かれらは自分の子どもや孫たちが将来どのような被害に遭おうと気にしなくなるからです。メディケアは、子どもや孫の世代もきちんとした医療が受けられるようにする、というのが本来の精神で、老人医療制度の土台をなす原理だったはずですが、富裕層はそのことを忘れるよう、巧みに新しい法案を作成するわけです。

もちろん、かれらの子どもたちが大きくなり、孫たちもその法案の適用を受けるようになり、将来は医療援助の大幅削減の犠牲者になることは間違いありません。そもそもそうなるように考案されたのが、これらの改悪法案なのです。それは「日没（サンセット）原理」と呼ばれています。つまり、太陽が沈むように、古き良き老人医療制度を享受していた世代が日没とともに姿を消したころに、次の新しい世代の、新しい法案に基づく、新しい世代が登場し、新しい老人医療制度をなんの疑問ももたず喜んで受け入れる、と期待されているのです。

こうして新しい改悪法案が通ると、新しく登場した世代の人たちは（もちろん、そのなかには、かれらの子どもたちや孫たちも含まれているのですが）何十兆ドルにもなる新しい医療制度の費用のために、身動きならなくなっていくわけです。

アメリカという国は、もっとも進んだ資本主義国のなかで、きわめて特異な医療制度をもつ唯一の国です。医療制度のほとんどが、実質的に政府の統制の利《き》かない私的民間医療に委ねられている唯一の国です。しかも、それは極端に非効率的で、財政的にも非常に高額なものとなっています。そのうえ、あらゆる種類の医療業務が官僚主義的で、かつあらゆる段階で保険会社からの監視が厳しく、しかも、あらゆる請求が一括して保険会社から送り届けられるわけです。合理的な医療制度には決してありえないことです。

わたしは別に架空のユートピアのことを話しているわけではありません。他の発達した資本主義国ならどこでももっているものについて話しているだけです。それらの国々では、医療の成果とコストのどちらをとっても、現在のアメリカと比べれば、はるかに効果的なものになっています。アメリカの医療制度の現状は、ひとつのスキャンダル、世界に恥ずかしくて御目《おめ》にかけられない代物《しろもの》と言えるのです。しかもこれは、保険に入っている人たちの現状であって、そもそも保険に入っていない何百万という人たちについての話ではありません。保険に入れずに、いっそう命の危険に脅《おびや》かされている人たちを度外視《どがいし》したうえでの話なのです。

ここでどうしても言っておきたいのは、このような悪い医療制度を裏で動かしているのは、保険会社や銀行・投資会社のような金融機関だけではなく、製薬会社も、それに荷担しているということです。合州国は、わたしが思うに、政府が製薬会社と交渉し、薬の値段を決めることが法律で許されていない、世界で唯一の国です。

ただし、ペンタゴン（国防総省）の復員軍人援護局だけは別です。かれらは製薬会社と交渉して、はるかに安い値段で薬を手に入れることが許されています。ペンタゴンだけは、薬に限らず鉛筆の値段すらも交渉して決めることができます。にもかかわらずアメリカは、メディケア（老人医療制度）やメディケイド（低所得者医療制度）で使用される薬の値段を、政府が交渉によって決めることができないという、馬鹿げた国なのです。

それだけでなく、アメリカの法律では、一般庶民がもっと安い値段で薬を手に入れることを禁じています。これは、アメリカが主唱している自由経済の原理原則に著しく反するものです。アメリカは、口では自由主義経済と言いながら、実際にやっている政策は、まったくそれに反することになっているわけです。

ちなみに、復員軍人援護局を通じておこなわれている医療は、一般の医療よりはるかに効率的です。安く仕入れられる薬も含め、復員軍人援護局の管理する医療の費用は、他と比べてはるかに少ない額ですんでいます。しかも、医療効果ははるかによい成績を上げています。*

とはいえ、アメリカの老人医療制度メディケアそのものは、本来きわめて効果的なものです。非常に効率よく運営されているところでは、老人医療にかかる費用は、民間保険による医療より、はるかに安上がりなものになっています。

ここでちょっと考えてみてください。この復員軍人援護局による医療保障も老人医療制度メディケアによる医療保障も両方とも、政府による医療制度です。ところが、老人医療制度の費用だけが、このところ鰻上《うなぎのぼ》りに急上昇している。どういうことでしょうか？

そのただひとつの理由は、老人医療制度が民営化され、政府の規制が届かない

＊ペンタゴン、復員軍人援護局の医療

上記のチョムスキーによる説明を読んでいると、アフガンやイラクから帰還した兵士たちが手厚い治療を受けているように見える。しかし、たしかに治療費や治療効果については民間医療よりも良いかもしれないが、実際にそのような治療を受けられる帰還兵は圧倒的に限られている。多くの復員軍人は、援護局に治療を申請しても何年も待たされ、絶望のうちに死んでいく者も少なくない。このような現実にも注意を払っておく必要があるだろう。

保険会社の手を通じておこなわねばならなくなっていることにあります。

この問題をどう解決したらよいのか、誰もがみなわかっています。周りをちょっと見回してみれば、世界のどこにでも、それを解決した制度を目にすることができるのですから。ところがこのアメリカでは、それに着手することができません。アメリカ経済のなかで製薬会社があまりにも巨大な力をもっているからです。

それに手を触れるとどういうことになるかがわかる、非常に興味深い事例があります。たとえば、ニューヨークタイムズ紙にときおり「政治的に不可能」とか「政治的な支持が得られない」という記事が載りますが、その記事が取り上げている問題は、たいてい国民の大多数が長い間、待ち望んでいたものです。みなさんも覚えておいでかもしれませんが、オバマ政権が「誰にでも入手可能な医療保障法案」を提案したとき、その議論の出発点には、国民皆保険という選択肢もありました。それは国民の三分の二によって支持されていました。ところが、途中でそのような選択肢は議論から消えてしまい、その後、なんの議論もありませんでした。

よく調べてみればわかるように、そのような選択肢は、ずっと以前のレーガン政権の後半に、すでに提起されていました。そのとき国民の七〇%は、国民皆保険は憲法上でも保障された権利であるべきだ、と考えていました。さらに言えば、国民の四〇%は、そのような権利は「すでに」保障された権利として憲法のなかに書き込まれている条項である、と考えていたのです。

しかし、そのような国民皆保険という制度は、ニューヨークタイムズ紙の言い方を使えば、「政治的な支持を得られない」というわけです。「政治的な支持」というのは、ゴールドマンサックスやJPモルガンチェイスなどの金融機関からの支持が得られることを意味します。それがアメリカで使われる「政治的な支持」の意味です。

もしわたしたちが他の国々と同じような医療制度をもっていれば、とうの昔に赤字はなくなっていたでしょうし、それどころか、たぶんお釣りまで出ていたことでしょう。

政府というものを消し去る

現在の経済情勢についておこなわれているアメリカ国内の議論を見ていると(と言っても、それはヨーロッパでも同じなのですが)、非常に驚くべきことがあります。その議論のなかで中心を占めている問題は、圧倒的に財政赤字であって、失業ではない、という点です。しかし、失業は社会に深刻な影響をもたらします。それは人びとやその家族にとって、たいへん深刻な結果をもたらすからです。と同時に、経済にとっても深刻な影響をもたらします。その理由ははっきりしています。人びとが働いていないということは、経済を発展させることのできる人的資源がありながら、それが使われていない、ということになるからです。人びとは活用されずに捨て置かれているわけです。

経営者の観点で失業の話をすると、非人間的な響きを帯びてきます。経営者の観点からすれば、経営にかかる費用のうち人件費は最悪の部分のひとつだからです。だからこそ、かれらは人減らしに熱心なのです。しかし、素朴な経済学的見方からすれば、失業というのは、言ってみれば、せっかく工場というものがありながら、それを使わないことに決めたのと同じことです。

たとえば、ヨーロッパ、日本、中国に旅行してごらんなさい。そしてアメリカ合州国に戻ってきたとき、わたしたちの目に真っ先に飛び込んでくるのはなんでしょうか。それは、この国が崩壊してバラバラになりつつあるということです。まるで発展途上国に戻ってきたかのような気分に襲われます。道路や橋や港などの社会的基盤は崩壊しています。完全に破産状態です。教育制度も裁断機によって切り刻まれた紙くずのようになっています。何も機能していないのです。信じがたいほどの人的資源の無駄遣《むだづか》いです。しかし、経営者の観点から見れば、このような恐ろしい現実を人びとに見せつけることも、「財政赤字」を宣伝するという意味で、貴重な効果をもっているわけです。

これがいまアメリカに起きていることです。高度な技術をもち、いますぐにでも働きたいと待っている巨大な労働力がありながら、放置されたままなのです。いまアメリカには、なすべき課題が山積しています。

銀行などの金融機関は、失業ではなく、財政赤字を攻撃対象とし、政府で働く職員も減らして財政赤字を削れ、と言います。それを極端にまで押しつめると、全米税制改革協議会ATRの会長グローバー・ノーキストのような人たちの意見になるわけです。

かれらはいまや大きな影響力を振るいはじめています。ノーキストは、すべての共和党員はこれに署名しなければならない、という誓約書を公表しました。驚いたことに、すべての共和党の議員たちがそれに署名しました。その誓約書に何が書いてあったかというと、議員たるものは税金を増やすことに荷担してはならないし、政府の機能を少しでも減らさなければならない、ということでした。かれはその文書に書いたとおり、基本的には政府そのものを消し去ることを望んでいるのです。

これは、世界の所有者・支配者の観点からすれば、十分に理解できることです。というのは、民主主義というものが機能すればするほど、民衆によって決められた民衆の利益になるようなことを遂行するのが政府の仕事となっていくからです。それが民主主義というものが本来意味していることだからです。

世界の所有者・支配者にとって、民衆の干渉なしに自分たちで勝手にすべてを支配するほうがいいのは当然でしょう。だからこそかれらは、政府が消し去られても、それをうれしげに見守るわけです。

ただし、政府を消し去るといっても、二つの政府機能だけは残しておきたいと思っているはずです。ひとつは、原理3でもお話ししたように、自分たちが経営危機に陥ったときに、国民の税金を総動員して自分たちを救ってくれる機能、強力な政府機能です。第二に、強力な軍隊です。それがあれば、世界を支配下に置くことができますし、世界中で展開しているかれらの悪行《あくぎょう》(企業活動)に抗議する「民衆暴動」から身を守ることができますから。

だからこそ、かれらは、政府の活動に縛りをかけ、たとえば老人たちがきちんとした医療保障を受けられるようにしたり、身体《からだ》が動かなくなった未亡人でもきちんとした生活をできるようにしたりする、という政府本来の機能を少しでも縮小させたいと思っているわけです。そんなことは、世界の支配者・所有者の本来の仕事ではありませんから。例の悪しき格言「自分の利益のみに専念し、他人のことは忘れろ」に反するからです。だからこそ、かれらが議論で熱中するのは、失業問題ではなく財政赤字なのです。

しかし一般民衆にとっては、失業こそが重大問題です。ところが経済学者ポール・クルーグマンのような人たちを除けば、ほとんど例外なく大手メディアの議論の主眼は、財政赤字に置かれています。これはどうしたことでしょう。

それは、議会やメディアの議論は、裏の支配者によってあらかじめ形づくられているからです。つまり「財政問題を見ろ、他のことは一切《いっさい》忘れろ」です。

かれらの議論のなかでさらに驚くべきことは、赤字財政を問題としながら、財政赤字の原因については何も議論されていないということです。わたしから見れば、財政赤字の原因はきわめて明白です。それは、桁外《けたはず》れの軍事費です。アメリカの軍事費は、アメリカを除いた世界中の軍事費をすべて足し合わせた額とほぼ同じなのですから。

ただし、その軍事費は、国民の安全保障とは、ほとんどなんの関わりもありません。国民の命と暮らしを守ることに貢献するものは、ほとんどありません。それはただ、世界の支配者だけを守るものなのです。軍隊とは、世界とかれらの利益を守るものなのです。だからこそ、軍事費は財政赤字の議論からはまったく抜け落ちてしまうことになるのです。

連帯と団結への復帰

教育制度の話に戻りましょう。どうすればわたしたちは高等教育をもっと身近なものにできるでしょうか。答えは実に簡単です。実行すればよいだけです。ちょっと世界や自分自身を見つめ直してください。そうすれば、この問題に対する実に簡単な答えが見つかるはずです。たとえばフィンランドは、公教育がどれだけ達成したかを測る指標のいずれにおいても、常に上位を占めています。一位になっている項目も少なくありません。では、かれらは大学に行くのに、どれだけ支払っているのでしょうか。ゼロです。無料なのです。

では、他の豊かな国、たとえばドイツはどうでしょうか。ドイツもかなり成功した教育制度をもっていますが、そこでは大学に行くのにいくら払っていますか。実質的に無料です。では、わたしたちのすぐ隣の貧しい国はどうでしょうか。

驚いたことに、メキシコはかなり整った高等教育の制度をもっているのです。メキシコは非常に貧しい国ですから、メキシコ人の平均年収はきわめて低いものです。では、かれらは大学に行くのに困っているでしょうか。違います。高等教育は驚くことに無償なのです。

無償の教育を与えることができない経済的理由はありません。あるのはただ社会的・政治的理由です。それができないのは、単に社会的・政治的決断の問題なのです。高等教育を無償にすることによって経済はむしろよくなっていくことは、ほとんど確実なのですから。もっと多くの人が自分自身を自己開発する機会をもち、高等教育で身につけたもので社会貢献をすることができれば、経済がよくならないはずはないのですから。

SOURCES #5-1
「極《ごく》悪人すら憐憫《れんびん》の情をもつ」
アダム・スミス*『道徳的感情の理論』一七五九年

いかに利己的であるように見えようと、人間のなかには、他人の運命に関心をもち、他人の幸福を自分にとってもかけがえのないものだと考える、なんらかの本性がある。他人の幸福を目にして得られる喜び以外に自分が得られるものは何もないとしても、人間はそう思うようにできているのだ。

他人への哀れみや同情も、この人間の本性のひとつであり、他人の苦悩を目の当たりにしたり、目にせざるを得ない状況に追い込まれたとき感じる情動にほかならない。他人が悲しんでいるとき自分も悲しくなるという事実は、あまりにも当然すぎて、それを証明する必要すらない。

このような感情は、他のすべての根源的な感情と同じように、誰もがもっているものであり、高潔で慈悲深い人間だけに限られているわけではない。それをもっとも敏感に感じとるのが高潔で慈悲深い人間なのかもしれないが、極悪人と言われている人間や最

＊アダム・スミス
スミスの著書『道徳的感情の理論』は、日本では一般的に『道徳感情論』という邦題で流布されている。

悪の無法者と言われている人間でさえ、そのような感情をまったくもたないわけではない。

SOURCES #5-2

社会保障法　一九三五年

この法律は、以下のことを実行することにより公共の福祉を実現せんとするものである。連邦政府の高齢者給付制度を確立する。老人・盲人・障害児・母子家庭への福祉、および公衆衛生、さらには失業手当給付法の管理・執行に対して、諸州がもっと十分な条例をつくりあげることを可能にする。社会保障委員会を設置する。そのための歳入を増大する。必要が生じれば、その他の目的についても考慮する。

SOURCES #5-3

退役軍人の社会復帰を支援する法　一九四四年

ここで使用される「教育または訓練機関」という用語は、以下のすべてを含む。すべての公立私立の小・中学校、成人教育を提供するその他の学校、ビジネススクールおよびビジネス専門学校、科学技術訓練学校、科学技術専門学校、職業訓練所、短期大学、師範大学、単科大学、総合大学、その他の教育機関。

また商取引その他の実習・見習いなどの訓練を提供する施設も含む。そのなかには、設置が認可された短大や大学および州教育省の監督下にあるものもある。これには、州の職業訓練協議会または連邦職業訓練サービスのような組織・施設も含まれる。

これらの施設・機関は、第七五回下院「一般法三〇八号」あるいは連邦政府行政部門のいずれかの機関の承認に基づいて設置されたものである。

AMERICA
ONE DOLLAR

原理6 企業取締官を操《あやつ》る

企業規制をめぐるアメリカの歴史を見渡してみると、それが鉄道の規制であれ、金融上の規制であれ、経済的権力が集中している人たちによって始められ、あるいは支持されてきたことがわかります。経済を握っている人たちによって規制が開始されているとは、一見、不思議なことに思われますが、その理由は、遅かれ早かれ、いずれ自分たちを規制する政府の取締官を支配することができ、実質的には自分たちの思いどおりに操《あやつ》ることができることが、わかっているからです。

かれらは取締官に、通常の賄賂《わいろ》に限らず、仕事であれなんであれ、望むものを提供することができます。取締官にとっても、富裕層・権力層の意向に従っていれば、次のポストが転がり込んでくることもあるわけですから、有利なことです。

こうしたことは、いろいろなやり方できわめて自然におこなわれ、「取締官の

『繁栄の経済学：すべての人のための経済を構築する』ジェイコブ・S・ハッカー&ネイト・ロウエンセイル 二〇一二年
▼173ページ参照

取り込み」というかたちで終わるのがふつうです。取り締まられているはずの経済界が、取り締まる側を操っているわけです。銀行や銀行の雇ったロビイスト・議会工作員たちは、極端な場合には事実上、金融規制の法律を自分たちで書いていることもあるのです。

これらは、アメリカの歴史上、ごく自然に、ずっとおこなわれてきたことでした。それはアメリカの権力構造の配分を見てみれば、すぐわかることです。

グラス＝スティーガル法

アメリカの大恐慌の間に導入された企業規制のひとつは、商業銀行と投資銀行を分離する法律でした。商業銀行は預金が政府によって保障されていますが、投資銀行にはそれはありませんので、常に投資したお金を失う危険があります。この二つを分ける法律が、グラス＝スティーガル法と呼ばれるものでした。

一九九〇年代の民主党のクリントン政権による経済政策は、そのほとんどが財務長官ロバート・ルービンとその仲間たちによっておこなわれていました。基本的には金融機関からの出身者たちで、かれらは一九三〇年代の古くから、このグラス＝スティーガル法を骨抜きにしようと虎視眈々《こしたんたん》と狙《ねら》っていました。そして、一九九〇年、ついに共和党のフィル・グラムおよび他の銀行の協力を得て、グラス＝スティーガル法の土台を取り崩すことに成功したのです。

そうして、投資銀行の危険きわまりない業務が、政府の保障つきでおこなわれることになりました。同時に、新しくつくりだされた摩訶不思議《まかふしぎ》なデリバティブと呼ばれる金融商品を規制することも封じてしまいました。こうして得体《えたい》の知れない金融商品が、なんの規制も受けずに市場を闊歩《かっぽ》できるようになったのです。その結果、どうなったかは、みなさんもご承知のとおりです。

けれども、頻発する金融危機のなかでも最大の危機であったリーマンショック後のいまも、金融街で働く人たちの身分はきわめて安全です。なぜなら、必要ならば政府がいつでも救援に駆けつけてくれるからです。

政界と財界を自由に往き来できる「回転ドア」

その一例として、ロバート・ルービン財務長官を考えてみましょう。ルービン長官は、このような規制緩和の法律をつくったあと、さっさとシティグループの役員に収まってしまいました。シティグループといえば、アメリカ最大級の銀行のひとつです。かれはそこで、自分のつくった新しい法律を利用して、巨大保険会社を買収する手助けをして大儲けをしたのです。ところが、そのすぐあと、市場は大暴落。すると、かれは大金を握ったまま会社を辞め、オバマ政権の首席顧問に返り咲きました。そしてなんと、政府は傾きかけたシティグループを救済したのです。

このようなことが、一九八〇年代の初期から何年間も続いてきました。上院議員や下院議員や政府顧問たちは、議員や政府職員を辞めると、すぐ経済界に入っていきました。ちなみに、いまでは経済界といっても、そのほとんどが金融業に集中しています。

それはともかくとして、かれらは理論的には、取り締まる側にいたはずなのですが、結果として現出したのは、取締官が企業に取り込まれる、ということでした。それこそが、かれらのお仲間たちの居場所だったわけです。

こうして、かれらは政界と財界を出たり入ったりしています。ということは、政界と財界には常に密接な交流があるということです。それがいわゆる「回転ドア」と呼ばれるものの実態です。つまり、あるときは法律をつくる議員であり、それがいつの間にか、議会工作をする活動家となるわけです。ロビイスト・議会工作員として、議員の立法活動を支配管理しようとする活動家です。

ロビー活動（議会工作）

一九七〇年代、経済界は、議会や法律を自分たちの支配下に置こうと、大きく動きはじめました。そこで巨大な拡大を見せたのが、ロビー活動すなわち議会に対する工作でした。ロビイストたちは、単に議員に働きかけるだけでなく、自ら法律を書き、それを議員に認めさせることさえするようになっていったのです。

こうした背景には、六〇年代の福祉政策の発展に、経済界がかなり慌てふためいていたという事情があります。とくにリチャード・ニクソンが大統領だったときに、福祉政策は大きく前進しました。残念ながらいまのアメリカでは十分に理解されていませんが、実はニクソン大統領は、ニューディール政策を実行する最後の担《にな》い手だったのです。だから経済界にとって、かれはいわば階級的裏切り者でした。

実際、ニクソン政権のもとで多くの立法がなされました。そのひとつが、消費

「企業のロビイスト（議会工作員）はどのようにしてアメリカ民主主義を征服したか」『ニューアメリカ・ウィークリー』誌　リー・ドルートマン　二〇一五年四月二〇日

▼174ページ参照

者の安全を守る法律（CPSA）であり、労働者の職場の安全と労働者の健康を守るための規制（OSHA）であり、環境保全のための環境庁を設立する法案（EPA）でした。これらは経済界にとってはまったく気に食わないものでした。企業への増税と同様、企業に対する規制も、かれらの望むところではなかったからです。そこでかれらは協力して、これらの政策を打ち壊そうと活動を始めました。議員に対する工作活動が急増したのも、そのためです。

また、シンクタンクと呼ばれる新しい団体や研究所も設立されました。かれらは、この団体・研究所で

＊上の写真は、ヘリテイジ財団が作成したテレビ番組に登場したホワイトハウス。ヘリテイジ財団はテレビを活用して、研究所の成果を広め、民衆に対する思想言論統制を強めようとした。

頭脳集団をつくり、思想界や言論界を統制しようとしたのです。その一例がヘリテイジ財団で、かれらがその思想・言論統制に費やす費用は上昇する一方でした。そのひとつの理由がテレビの活用でした。かれらは膨大な費用をかけ、テレビを使って、自分たち研究所の研究成果を一般国民に広めようとしました。

こうして経済における金融界の役割は、驚くほど大きなものとなり、それに伴って、規制撤廃の嵐が強烈に吹きはじめることになりました。

規制緩和と金融崩壊

思い出してみてください。一九五〇年代、六〇年代には、金融崩壊というものは一度もありませんでした。というのは、ニューディール政策の一環として、金融を取り締まる制度がまだ機能していたからです。それが企業の圧力と政界の圧力によって解体されはじめると、金融危機の頻度がどんどん大きくなっていきました。何年にもわたってそれは続き、今日に至っています。一九七〇年代は、この規制緩和が始められた時期であり、その結果として、金融危機・金融崩壊が実際に始まったのが一九八〇年代でした。

たとえば、レーガン大統領を例に考えてみましょう。レーガン大統領は、金融危機の張本人である銀行に責任をとらせる代わりに、その銀行を国民の税金を使って救済しました。その典型がコンチネンタル・イリノイという銀行で、事件が起きた一九八四年の時点では、アメリカ史上最大の救済事件となりました。

この事件が起きた一九八〇年代初期は、アメリカが大恐慌以来もっとも深刻な不況に陥っているときでした。ところが、政府は事件を起こした張本人を罰する代わりに、さまざまな手段で救済するだけに終わったのです。

そしてそれから三年も経たない一九八七年に、もうひとつの金融崩壊が起きました。これがいわゆる「暗黒の月曜日（ブラック・マンデイ）」と呼ばれる株価の大暴落でした。こうして、レーガン大統領は、任期の最後を巨大な金融危機で飾ることになりました。この金融危機は、貯蓄と貸付の双方における金融危機でしたが、このときも、一九八四年と同様、政府はすぐさま介入に乗り出し、銀行を救済しました。しかし、救済されたのは銀行だけで、庶民は放置されたままでした。

大きすぎて牢屋に入れられない

一九八七年の、貯蓄と貸付の双方における金融危機は、二〇〇八年の金融危機と若干《じゃっかん》異なる点がありました。というのは、一九八七年のときは、危機を起こした張本人は裁判にかけられ、かれらのおこなった嘘・偽り・詐欺《さぎ》・欺瞞《ぎまん》といった犯罪行為をめぐる裁判から、それなりの教訓が引き出されました。ところが、二〇〇八年の金融危機では、そこから得るものは何もありませんでした。金融機関に集中した権力は、あまりに強大になりすぎて、銀行は「大きすぎて破産させることができない」と言われるまでになっていました。ある経済学者が表現しているとおり「大きすぎて牢屋に入れることができなくなった」のです。

そこで唯一おこなわれた犯罪捜査は、インサイダー取引でした。それなら、実際に他の企業活動に被害を与えたわけですから、なんらかの罰を与えることが可能だったからです。しかし、被害を被《こうむ》った大多数の国民から奪ったものについては、なんの処罰も受けることなく終わりました。

先にも述べたように、規制緩和はクリントン政権のときからずっと進行していました。クリントンが政権についたとき、先端技術による「にわか景気」、いわゆるハイテク・ブームがあったのですが、それも一九九〇年代の終わりには、ドット・コム・バブルと言われる、もうひとつのバブルが弾《はじ》けて、終わります。クリントン政権の一九九九年には、すでに紹介したように、商業銀行と投資銀行を分離する規制（グラス＝スティーガル法）が、ルービン財務長官によって解体されました。その後、ブッシュ政権が登場し、いわゆる住宅ブームが始まります。

しかし、驚くことに、経済学者たちがほとんど無視していた事実が、ひとつありました。それは、八兆ドルにものぼる住宅バブル経済が、実際に住宅を建てるときの実体経済の額となんら関連がなかった、という事実でした。

だから当然、そのような実体のないバブル経済は、二〇〇七年に崩壊しました。そして、何兆ドルにものぼる資本が一瞬にして消え去ったのです。それは、なんの実体も伴わない、いわば架空の富でした。そのことが一九三〇年代の大恐慌以来もっとも大きな金融危機をもたらしたのです。

次に来たのは、ブッシュ政権とオバマ政権による救済政策でしたが、それは、この巨大犯罪をつくりだした張本人を、もう一度強力な金融機関として蘇《よみがえ》らせただけでした。またもや被害を受けたすべての人は野晒《のざら》しにされたままだったのです。それは、民衆に深刻な打撃を与えました。かれらは騙《だま》されて、抵当に入れさせられていた家を奪われ、職も失いました。

これが、わたしたちが目にしている現在のアメリカなのです。犯罪を犯した当事者たちは、なんの処罰も受けずに、いまも次の金融大暴落に向かって着々と地《じ》均《なら》しをしているのです。

「企業社会主義」の国家

金融危機が起きるたびに、納税者が呼び出されて、危機をつくりだした張本人を救済させられ、救済されるたびに巨大金融機関はますます大きくなっていきます。ほんとうの資本主義国家であれば、こんなことは許されないはずです。自由主義に土台をおく資本主義のもとでは、そのような悪徳企業は市場から一掃されているはずだからです。そういう危険な投資にお金を注ぎ込んだ投資家についても、同様です。

しかし、富裕層や特権階級は、そういう資本主義制度を望みません。かれらが望むのは、いざ困ったことが起きればすぐ駆けつけてくれる「甘やかし国家」だからです。これは、「企業社会主義」の国家と言うべきでしょう。大企業が倒産しそうになると国家が税金を出して救ってくれるわけですから。

かれらは国家によって保険証書をもらっているのです。どれほど頻繁にみんなに危険を及ぼそうとも、困ったことが起きれば国民が税金というかたちで救い出してくれる、という保険です。ありがたいことに、大きすぎて潰せないからだそうです。

こうして、同じことが何度も何度も繰り返されてきました。

いまや金融機関の財力・権力は、あまりにも大きくなりすぎて、かれらを罰したり規制を加えようとしても、ほとんどすべて弾《はじ》き返されてしまいます。それでもオバマ大統領時代には、いわばグラス＝スティーガル法の現代版とも言えるドッド＝フランク法のような法律をつくって規制を加えようとする、ささやかな試みがなかったわけではありません。しかしそれすらも、いざ実行の段階になると、ロビイストといわれる議会工作員によって骨抜きにされてしまいました。だから、金融危機の大きな問題は、ほとんど解決されないまま現在に至っています。その理由はきわめて明らかです。

アメリカにはノーベル経済学賞の受賞者も少なくなく、ジョセフ・スティグリッツやポール・クルーグマンのように、こうした流れに強く異を唱える人たちもいました。しかし、かれらの誰ひとりとして政府から助言を求められることはありませんでした。それどころか、金融危機を修復するのに選ばれた人たちといえば、驚いたことに、その危機をつくりだした張本人たちばかりだったのです。たとえば、元財務長官ロバート・ルービンとその仲間たちとか、あるいは巨大金融機関ゴールドマンサックスにたむろしている人たちです。

かれらは金融危機をつくりだした張本人なのに、いまやその金力や権力は、以前よりもはるかに大きくなってきています。これは偶然なのでしょうか。決してそんなことはありません。経済政策を立案するときに選ばれたのが、かれらだったのですから、かれら自身に利すること以外の何を期待できるでしょうか。

最近の救済策を見ても、その救済額や救済規模は、かつて例がないほどのものです。こうしてこれらの企業は、ふつうの資本主義経済のもとではとうの昔に破産している状態で、ぬくぬくと生き延びることができたのです。つまりここアメリカでは、本来の意味での資本主義経済はもはや存在しないのです。そのようなものは経済界が受け入れませんから。そして、本来の資本主義経済を阻止できるだけの力をもってきているのですから。だからこそ、巨大金融業が倒産しそうになっても、政府が税金をもって駆けつけ、文字どおり何兆ドルものお金をかれらに注ぎ込んで、それを維持するのです。

これが事実であることは、いろいろな方法で示すことができます。ここにそれを示す素晴らしい研究があります。それは二人の著名な経済学者が、長年の救済策を、数年にわたって研究したものです。かれらは、有名な経済誌『フォーチュン』が発表したアメリカにおける売上高上位一〇〇社の企業活動を研究しました。それによれば、上位一〇〇社のうち、ほぼ二五％は、国民の税金で生き延びていた時期がありました。そしてさらに驚くべきことに、残りの七五％のほとんどは、国民の税金から収益を得さえしていました。

『世界再編の論理：競合する大企業複合体の政府依存体質にどう対処するか』
ウィンフリード・ルイグロク&ロブ・バン＝トゥルダー　一九九五年
▼176ページ参照

これは金融史上、前例がないほど大規模なものでしたが、よく考えてみれば、とくに目新しいというわけではありません。一九八〇年代に金融危機が始まって以来、実は同じことが続いてきたのですから。

「外部性」と制度上の危機

金融システムは、生産システムではなく、市場《しじょう》システムと似通っていて、それときわめて類似した動きをとり、その維持には、国家の巨大な活力と介入が利用されます。市場《しじょう》にはよく知られているように、それに内在する固有の問題があります。商品の取引に参加する人たちは、自分たちのことしか配慮しようとしない、という問題です。かれらは自分たちの取引が他の人にどんな影響を及ぼすかについては、まったく関心がないのです。

たとえば、あなたがわたしに車を売るとしましょう。もちろん、あなたは儲けを増やそうとするでしょうし、わたしもより良い車を手に入れようとします。しかし、あなたもわたしも、そのことが外部に与える影響については、なんら考えていません。たとえば、車が環境に及ぼす影響や交通渋滞やガソリン代の値上がりその他については、まったく眼中にありません。

こうした問題は、ひとつひとつをとってみれば小さな問題ですが、それらがすべて集まると巨大な問題になります。これが経済学の用語で「外部性」と言われるものです。

もうひとつの例として、ゴールドマンサックスのような巨大投資銀行を考えてみましょう。かれらが投資や貸付の商品をつくりだして、それを市場に出す場合、何かが起きたとき、自分たちに降りかかってくるリスクを当然ながら計算に入れています。しかし、その計算は大して難しいことではありません。というのは、なにか問題が起きても、政府が援助に駆けつけてきて救済してくれることを知っているからです。自分たちは大きすぎて潰せないことを十分知っていますから、とことん細かい計算をする必要がないのです。

とはいえ一応は、自分たちに降りかかってくるリスクについて考慮するわけですが、かれらがまったく念頭に置いていないのが「制度上の危機」、すなわち金融システムそのものが本来もつリスクです。投資が大暴落したとき、そのシステム全体が崩壊するという危機です。それは、この間、繰り返し起きてきたことであり、将来、再び必ず起きることです。にもかかわらず、金融商品をつくって売り出すとき、そのことはまったくかれらの念頭にはありません。

規制緩和という熱病に浮かされて悪化する一方だった金融危機は、非常に複雑で摩訶不思議《まかふしぎ》な金融商品が開発された結果、さらに悪化することになりました。このような金融取引は、ご承知のように、実体経済の発展にはほとんどなんの貢献もしないのですが、その商品がもたらす危険性だけは、より多くの人に肩代わりさせることを可能にしました。

　こうして起きたのが、いわゆる住宅ローン危機でした。この住宅ローンの売り手は、サブプライム・ローン*を貧困層の人たちに売りつけました。住宅ローンの売り手は、その買い手が決して返済することができないことを知っていながら売りつけたのです。

　他方、銀行は、それらの銀行ローンをかき集めて、その住宅を抵当《ていとう》にした新しい証券をつくりあげました。それが不動産担保証券（MBS）と呼ばれるものです。しかし、かれらはその証券の危険性をまったく気にする必要はありませんでした。証券化と呼ばれる技術を使って新しい商品をつくりあげたからです。つまり、集めた住宅ローンをさらに細分化して、もっと小さな商品に変え、それを別の人に売り渡すという手法です。これが債務担保証券（CDO）と呼ばれるものです。投資家たちは、自分たちがどんなものを買ったのか知りさえもしないで、その証券を買いました。

　投資家たちがこのような証券を購入できるようになったのは、万が一、このような商取引が失敗し、暴落が起きたとしても、危険は細分化され、それを負担す

＊サブプライム・ローン
「プライム・ローン」が信用力のある人に対する住宅ローンであるのに対して、「サブプライム・ローン」は過去に破産経験のある人や低所得者層（サブプライム層）などの、信用力の低い人にまで貸し出しをおこなう住宅ローン。はじめだけは低金利なので貧困層も借りやすそうに見えるが、二～三年後に金利は倍増するものが多い。手数料収入が大きいため銀行員は、これを大いに勧めた。多くの人が、五〇〇ドルという大金を払ってまで「住宅ローン」を手に入れる大集会」に殺到したことが、ドキュメンタリー映画『インサイド・ジョブ』に出てくる。

るのが非常に多くの個々人になっているのだから被害は少ない、という前提があったからでした。しかし、実際に起きたことはと言えば、危機を拡大させ、金融システムそのものを崩壊させた、ということでした。

こうして起きたのが、先にも述べたように、住宅ローン危機による金融システムの崩壊でした。その影響たるや莫大なものでした。こうして再び、政府が国民の税金をもって駆けつけ、それを救済することになったのです。単に銀行を救済するだけでなく、連邦準備銀行や財務省の懐から、何千億ドルものお金が流れ出すことになりました。

しかし、別に取り立てて驚くことは何もありません。予想どおりの力学が働いていただけだからです。国民がノーと言わずに、その進行を許している限り、このようなことは次の大暴落まで続きます。これは当然予想されたことでした。

ですから、金融格付会社は、次の大暴落のあとにやってくる、税金による救済策のことを念頭に置きながら、金融会社の格付をしていくのです。それは必然的に、大銀行ほど格付のランクが高くなることを意味します。だから、大銀行はますますお金を安く集めることができ、自分より小さな競争相手を駆逐《くちく》したり潰《つぶ》したり買収したりしながら、ますます金力も権力も手中に集め、肥大化していくことになるのです。
アメリカでおこなわれている政策は、すべてこのように企画立案され実行されてきました。すでに述べたように、なんら驚くべきことはないのです。それは一部の富裕層に金力や権力を委ねれば、当然起こるべくして起こることだからです。わかる人には当然わかっていたことなのです。

市場原理主義——市場にすべてを任せろ、自由競争にすべてを任せろ

「新自由主義」のもっとも簡単な定義は、「市場にすべてを任せろ」です。市場の活動を支える以外は、政府は経済活動に口出しするな、というわけです。しかし実のところ、誰も本気でそれを信じてはいません。なぜなら、そのような政策は、貧しい人たちや弱者に適用されることはあっても、富裕層や権力層に実施されたためしはないからです。それは一七世紀から現在に至るまで、現代の経済史を貫《つらぬ》くひとつの原理です。

「保護貿易は是か非か」
『諸国民の富、その本質と源泉への探求』アダム・スミス
一七七六年
▼177ページ参照

しかし当時、誰もそれを新自由主義とは呼びませんでした。たとえば、アダム・スミスの、新しく解放されたばかりの植民地、すなわちアメリカに対する助言を見てみればわかります。当時のもっとも偉大な経済学者だったかれは、植民地だったアメリカに、ひとつの忠告を与えています。それは基本的には現在の世界銀行WBや国際通貨基金IMFが貧しい発展途上国に与えている忠告と同じものです。すなわち、植民地アメリカは自分たちの得意分野に集中すべきだ、と。

それはのちに「比較優位性」と呼ばれるようになったもので、得意分野である一次製品、たとえば農産物や魚介類や毛皮類に財力を集中して生産し、それらを輸出して、代わりに自分たちの生産したものよりも良い製品をイギリスから輸入すべきだ、と言っていたのです。

もうひとつ、アダム・スミスは忠告を付け加えています。その得意分野の資源を独占するな、という忠告です。当時のアメリカの主要資源は綿花でした。それは初期の産業革命における石油に匹敵するものでした。そこでかれは、植民地アメリカに、綿花を独占しないことが総経済生産を増大させることになる、と忠告したのです。

植民地アメリカは、独立戦争の結果、解放され、自由な国となりました。そして自由に物事を決めることができるようになったので、アダム・スミスの勧める「健全な経済学」を無視することに決めました。こうして、イギリスから入ってくる品質の良い商品を阻止するために、非常に高い関税をかけました。最初は繊維製品で、そのあとは鉄鋼製品でした。その結果、アメリカは国内の産業を保護し、発展させることができました。

アメリカは綿花を独占することについても、たいへんな努力を払い、なんとかそれに成功しました。アメリカが、当時メキシコ領だったテキサスを併合したり、メキシコの大半を割譲させたりしたことの裏には、そういう目的があったのです。

理由はきわめて明白でした。当時のジャクソン主義に従った大統領たちはみな異口同音に言っていました。綿花を自分たちで独占し管理することができれば、イギリスを屈服させることができる、と。輸入したいと思っているものが制限されたら、イギリスは生き延びることが難しくなるからです。

「テキサス併合は綿花を独占し、ヨーロッパを苦しめるためだった」
息子コロネル・タイラーへの手紙　ジョン・タイラー　一八五〇年四月一七日
▼178ページ参照

これ以上の詳しい説明はもう必要ないと思いますが、こうして、植民地だったアメリカは、まさに新自由主義とはまったく逆のことをやったわけです。実を言うと、イギリスもまだ発展途上国だったころ、同じように振る舞っていたわけですが。

一方で、貧しく抑圧された国々に対しては、同じ原理を喉元《のどもと》に突きつけ、服従を強いていった結果、インドやエジプト、アイルランドのような国は、産業発展の道を閉ざされ、経済は悪化し、その影響は今日に至るまでなお、あとを引いているのです。

そしていま、同じことがアメリカ国内のわたしたちの目の前で起きています。大多数の国民が、新自由主義の原理に従って「市場にすべてを任せろ」「自由競争の原理に従え」と言われているのです。こうして、アメリカ国民はお互いに競争させられるなかで、さまざまな権利を奪われ、社会保障を削られ、あるいは破壊され、もともと限界のあった医療制度さえ削られ、あるいは縮小させられているのです。これらはすべて市場原理主義の結果です。

しかし、富裕層にとっては、このような原理「市場にすべてを任せろ」は適用されていません。富裕層にとって国家は、いつでも何かことが起きたときには駆けつけて救済してくれる強力な存在ですから。

たとえば、レーガン大統領は、新自由主義、自由競争市場の象徴的存在でした。いまでもそう思われています。しかし実際は、第二次大戦後のアメリカで、もっとも保護主義的な大統領でした。かれは保護主義の壁を二倍にも強くして、無能なアメリカ経済を日本の優れた商品から守ろうとした人物でした。

またかれは、自由主義の経済原理に則《のっと》って潰れる銀行は自由に潰れさせるのではなく、その救済に全力を注ぎました。こうしてレーガン大統領が政権をとっている期間、政府の機能は小さくなるどころか、大きくなってしまいました。これが「小さな政府」を唱えた新自由主義の権化《ごんげ》の実態です。

もうひとこと付け加えておきたいのは、かれが声高に主張していた「スター・ウォーズ」計画、戦略防衛構想SDIについてです。かれがそのような構想をぶち上げた表向きの理由は、当時アメリカと対立関係にあったソ連からアメリカを防衛するためでした。しかし、経済界に対しては、これは政府による経済刺激策だ、だからこの政策を支持しろ、と明け透けに宣伝していたのです。ですから、経済界にとっては、このSDI構想は防衛戦略ではなく、「金のなる木」であり、「搾ればいくらでも乳が出てくる乳牛」、一種のドル箱でした。

けれども、それはあくまで富裕層に対するものであって、貧しい人びとにとっては、政府からなんの援助も期待することはできない、市場原理が支配する世界でした。言い換えれば、貧乏人にとって政府は、解決どころか自分たちにとって災厄《さいやく》をもたらす「問題」そのものだったのです。

これが新自由主義の本質です。つまり、新自由主義は二つの顔をもつ存在でした。富裕層に対して適用される規則と、それとはまったく正反対の、貧困層に適用される規則の二つです。そして、それは経済の歴史が始まって以来、変わることのないものでした。

SOURCES #6-1

『繁栄の経済学：すべての人のための経済を構築する』

ジェイコブ・S・ハッカー&ネイト・ロウエンセイル　二〇二二年

政治および企業利益において、お金（マネー）がますます重要になるにつれて、組織化の進んだ経営者と富裕層は、中流階級と比べてはるかに大きな権力を獲得してきた。

このことは、市場で革新を起こすことによってではなく、自分の都合のよい政策を政府につくらせることによって、今日の経済的な勝者にさらなる利得を与え、その傾向をさらに強める。こうした行為は、残りのアメリカ人をより貧しく、アメリカの政治制度をより弱体化させる。・・・

ますます、われわれの政治制度は二方向に分裂する。お金は一方向に流れ、そのお金で買われた政策が環流してくる。大企業は政治献金をし、ロビイストと呼ばれる高額の議会工作員を雇い（かれらは元政府高官や元政府職員が多い）、かれら大企業が好む政策を追求する。しかも、かれらは偽《にせ》の「草の根」運動を展開するから、ますます費用がかさむ。こうしてワシントンの「回転ドア」*は、ますます速く回転する。かれらロビイ

*回転ドア
合州国政府職員がかつての地位を利用して民間企業に幹部として就職したり、逆に民間企業の幹部が企業利益を実現するために合州国政府の要職に就いたりする現象は、ビル玄関の回転するドアに見立て、政治における「回転ドア」と呼ばれている。政治腐敗の原因だとして何度か規制が試みられているが、あまり成功していない。

ストは破格の賃金と特権を手にして、政界と財界の間を頻繁に行き来することになる。

権力の殿堂のなかで影響力を駆使するための莫大なお金が、元議員とその秘書、元政府高官たちに提供される。連邦議会のロビー活動（議会工作）に対する支出は、四億六〇〇〇万ドルから三〇億ドル以上にまで上っている。これは公式に発表された数字にすぎないから、実態ははるかに巨額だ。

経営者と富裕層が見返りを求めて民間部門に投資するとすれば、当然のことながら、かれらが政治に投資するのも、同じく見返りを求めてのことだ。ただこの見返りは、われわれの経済・納税者・民主主義の、大きな犠牲のもとにおこなわれるのだ。

SOURCES #6-2

「企業のロビイスト（議会工作員）はどのようにしてアメリカ民主主義を征服したか」

『ニューアメリカ・ウィークリー』誌　リー・ドルートマン　二〇一五年四月二〇日

ワシントンでは、いま何かが狂っている。というのは、企業によるロビー活動（議会工作）で年間約二六億ドルもの大金が費やされているが、これは下院（一一・八億ドル）と上院（八・六億ドル）の合計予算二〇億ドルをはるかに上回っているからだ。企業のロビー活動費は、二〇〇〇年代初頭に、下院と上院を合わせた予算を定期的に上回るようになったが、この開きは広がるばかりだ。

現在、大企業はロビイストを一〇〇人以上も擁している。いまやかれらは四六時中、議場のどこにでもいる。労働組合など民衆の利益を代弁するロビー活動に使われている費用が一ドルだとすれば、大企業とその関連団体は三四ドルも費やしている。しかも、ロビー活動にお金を使っている組織を一〇〇とすると、そのうち、なんと九五は企業だ。

アメリカの政治において、企業がどれほど支配的な政治的地位をもつようになったかを見るには、南北戦争後の「金ピカ時代」に戻ってみる必要がある。一九五〇年代から一九六〇年代という社会的多元主義の時代でさえ、政治的主張は富裕層へ傾斜していたが、それも今日の基準からすれば、ロビー活動はバランスがとれていたと言えよう。

労働組合はいまよりはるかに重要であったし、一九六〇年代の民衆団体は、はるかに重要な地位を占めていた。しかも一九七〇年以前は、ワシントンでロビイストを抱えていた企業はごくわずかだった。

そのうえ、企業が一九五〇年代と一九六〇年代にロビー活動をしていたやり方といえば、主としてコネを通じてのものであり、かつ稚拙で効果がなかった。たとえば、三人の著名な政治学者*は、一九六三年の共同研究『アメリカ企業と公共政策』で、次のように結論づけている。

「典型的なロビー活動を見ると、議会工作をする場が著しく制限され、ロビイストの人材も平凡。しかも、取りあげている問題も、議決をめざすものではなく、議員に支持者を見つけ、その問題が議案として生き残ることだけをめざす、というものだった」

しかし、今日、事情はかなり異なっている。企業の議会工作は、かつての限定的な場での活動にすぎなかったものから、議場のどこにでも存在し積極的に活動する勢力へと進化し、過去四〇年間のアメリカ政治における、もっとも重要な変革要因となっている。

*三人の著名な政治学者
上記で述べられている「三人の著名な政治学者」とは、次の三人を指す。レイモンド・オーガスティン・バウアー、イチエル・デ＝ソラ＝プール、ルイス・アンソニー・デクスター。また、ここで言及されている研究の原書名は、American Buisiness and Public Policyである。

SOURCES #6-3

『世界再編の論理：競合する大企業複合体の政府依存体質にどう対処するか』

ウィンフリード・ルイグロク＆ロブ・バン＝トゥルダー　一九九五年

われわれの評価では、一九九三年『フォーチュン一〇〇』誌に載った少なくとも二〇社は、当事国の政府に救済されていなかったならば、独立企業としてまったく存続していなかったものだ。約一八の中心的な企業は国営化され、そのうちの多くは再編の最中であり、破産の危機に直面している企業もあった。

これら中心的な企業が倒産したり消滅したりして、国にとって社会的経費がかさんでくると、企業は政府に「損失を社会化してくれ（つまり、国民の税金で救ってくれ）」と要求することができた。それと引き替えに、企業の自決能力が、（一時であれ長期であれ）奪われても、そう望んだのである。IRI、INI（一九二〇年代～一九四〇年代）、ENIのようなイタリアの巨大な国営複合企業の編成は、その適例である。

SOURCES #6-4

「保護貿易は是か非か」

アダム・スミス『諸国民の富、その本質と源泉への探求』一七七六年

もしアメリカ人が、団結とか何か別種の暴力によって、ヨーロッパ製品の輸入を阻止し、同種の品物を製造できる独占権を自国民に与え、資本のかなりの部分をこの事業に振り向けたとしよう。

すると、何が起きるか。アメリカ人は、毎年の生産物の価値を増大させるどころか減少させることになり、真の富と繁栄を進めるどころか、自国の発展を阻害することになるであろう。

このことは、アメリカ人が同様のやり方で自国の輸出貿易全体を独占しようと企てた場合も同じである。事態はいっそう悪くなるであろう。

SOURCES #6-5

「テキサス併合は綿花を独占し、ヨーロッパを苦しめるためだった」

息子コロネル・タイラーへの手紙　ジョン・タイラー＊　一八五〇年四月一七日

わたしは手紙で簡潔に答えてやったよ。テキサス併合について、かれの思い違いを正すためにね。

その問題についてのわたしの見解は、狭くもないし、局所的でもなく、偏屈でもなかったのだ。国中のすべての利益を考慮したうえでのことだったからね。

綿花農場の独占はものすごく重要な懸案だった。綿花農場の独占は、いまのところ確保されているので、他国をすべてアメリカの足元にひれ伏せさせることができる。もし一年間、綿花の通商を停止すれば、ヨーロッパは五〇年間、戦争をするよりも大きな苦しみを受けるはずだ。大英帝国が痙攣《けいれん》しないでいられるか、疑問だね。

＊ジョン・タイラー
アメリカ合州国第一〇代大統領、また大統領の死で副大統領から昇格した最初の大統領。在任中の著名な功績は在任末期の一八四五年三月一日のテキサス併合承認。これにより同年一二月二九日テキサスはアメリカの一部となった。ただし、南部の強力な奴隷州の併合が後の南北戦争の遠因となったとも言われる。

FIG. 124
FIG. 67

原理

7

大統領選挙を操作する

すでに述べたように、富の集中は政治的権力の集中をもたらします。とくに大統領選挙の費用が鰻上《うなぎのぼ》りになっているときは、なおさらのことです。いまやアメリカの選挙制度はズタズタです。選挙を金で買う力が急速に増大しているからです。たとえば、「連帯市民」（シチズンズ・ユナイテッド）という、富裕層・企業側がつくりあげた団体のことを考えてみましょう。二〇〇九年にこの団体が提訴した問題について、翌二〇一〇年にきわめて重要な最高裁判決が出ました。この判決の裏にはひとつの歴史がありますから、まずそれについて考えてみます。

「原告シチズンズ・ユナイテッド（連帯市民）被告FEC（連邦選挙委員会）連邦最高裁判決 二〇一〇年一月二一日
▼192ページ参照

合州国憲法修正第一四条に、ひとつの条項があります。その条項によれば、いかなる人間も正当な法手続きなしに権利を侵害されてはならない、ということになっています。同じような言い回しは、すでに憲法修正第五条にもあるのですが、それが修正第一四条でさらに敷延《ふえん》拡大されたのです。明らかにそれは、解放された奴隷の身分を保障するためのものでした。その条項が言っていることは、「いまや奴隷は解放された、したがって法による保護を手に入れた」ということです。

しかし、実のところ、解放された奴隷にそれが適用された事例をわたしは知りません。どんな些細《ささい》な事例でも適用された事例はないと思います。ところが、修正第一四条の判決が出るやいなや、それが経済界に用いられたのです。というのは、なんと驚いたことに、その判決に従って、企業の権利は正当な手続きなしには侵害してはならない、とされたのですから。

これは古典的な自由の原理に対する手ひどい攻撃でした。その当時の保守派の議員でさえそれを非難しました。しかし、そのような流れが途切れることはありませんでした。そして二〇世紀の初期には、企業は、徐々《じょじょ》に人としての権利を確立していきました。そして二〇世紀のうちに、企業は正式に法律で保障された「ひと（法人）」となっていったのです。

法人という名の人間

法人というものは、国家がつくりあげた法的虚構です。会社を人間だ、というのはまったく馬鹿げた話です。たとえば、NAFTAと呼ばれる自由貿易協定を考えてみましょう。それによれば、会社はふつうの人間には許されない権利すら与えられています。だからゼネラルモーターズ社GMがメキシコに投資するときには、かれらはメキシコの国民としての権利をもち、メキシコで企業活動をすることができます。でも、メキシコ人がニューヨークに来て、「わたしはアメリカの市民権がほしい」と言ったらどんなことが起こるか、言うまでもないでしょう。つまり、「ひと」という概念は、企業にまで拡大されたにもかかわらず、ふつうの人間には適用されないのです。

憲法修正第一四条を文字どおり解釈すれば、たとえ正規の書類をもたない外国人であっても、かれらは「ひと」なのですから、人間としての権利を奪われることはないはずです。ところが法廷は、何年もかけて、ない知恵を絞り、かれらは人間ではない、という判決を出すようになりました。

たとえ不法労働者であっても、かれらはこのアメリカで生活し、ビルの建設作業に携わり、芝生の草を刈ったりしています。にもかかわらず、かれらは人間ではないのです。ところがゼネラルモーターズ社GMやゼネラルエレクトリック社

GEは「ひと」として扱われるのです。しかも不死身の人間であるだけでなく、巨大な権力をもった人間なのです。これは初歩的な道徳を踏みにじるものであり、法律をふつうに解釈すれば、まったく信じがたい事態です。

企業のお金で買われた選挙

一九七〇年代、最高裁は、お金も言論の自由のひとつだ、という判決を出しました。それが「バックリー対バレオの判決」でした。しかし事態はその後さらに進み、三〇年後にはついに例の「連帯市民（シチズンズ・ユナイテッド）の判決」に至りました。それによれば、会社は言論の自由という権利をもっているから、選挙には好きなだけお金を使ってもよい、ということになったのです。使うお金になんの規制もなくなったわけです。

それが何を意味するのか、もう少し考えてみましょう。これまでも企業は大統領選挙で大量のお金を使って候補者を買収してきましたが、それがいまや、まったく自由に何をしてもよい、どれだけお金を使おうが実質的に無制限になったのです。それは、いまでさえ侵食されている民主主義に対する、とてつもなく大き

「原告バックリー　被告バレオ」連邦最高裁判決　一九七六年一月三〇日
▼193ページ参照

「連帯市民（シチズンズ・ユナイテッド）の最高裁判決」
▼192ページ参照

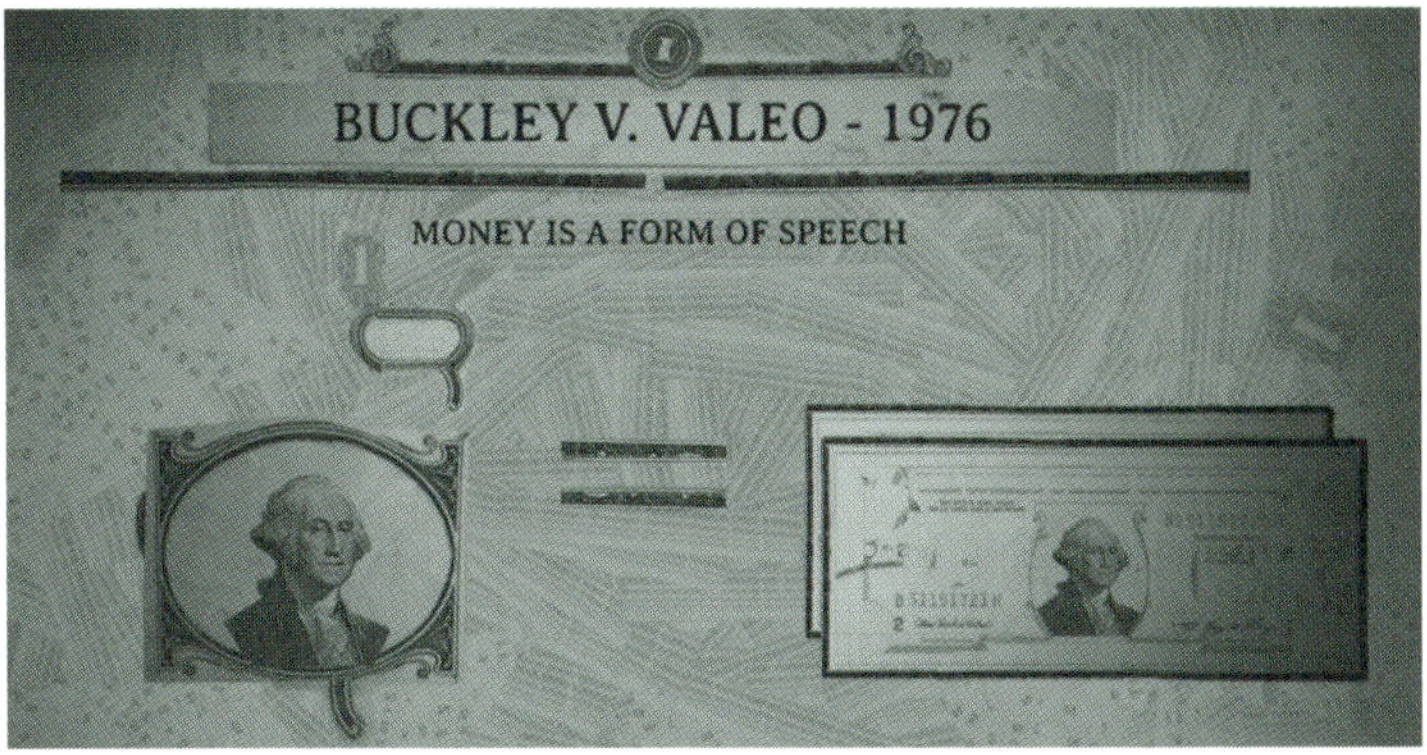

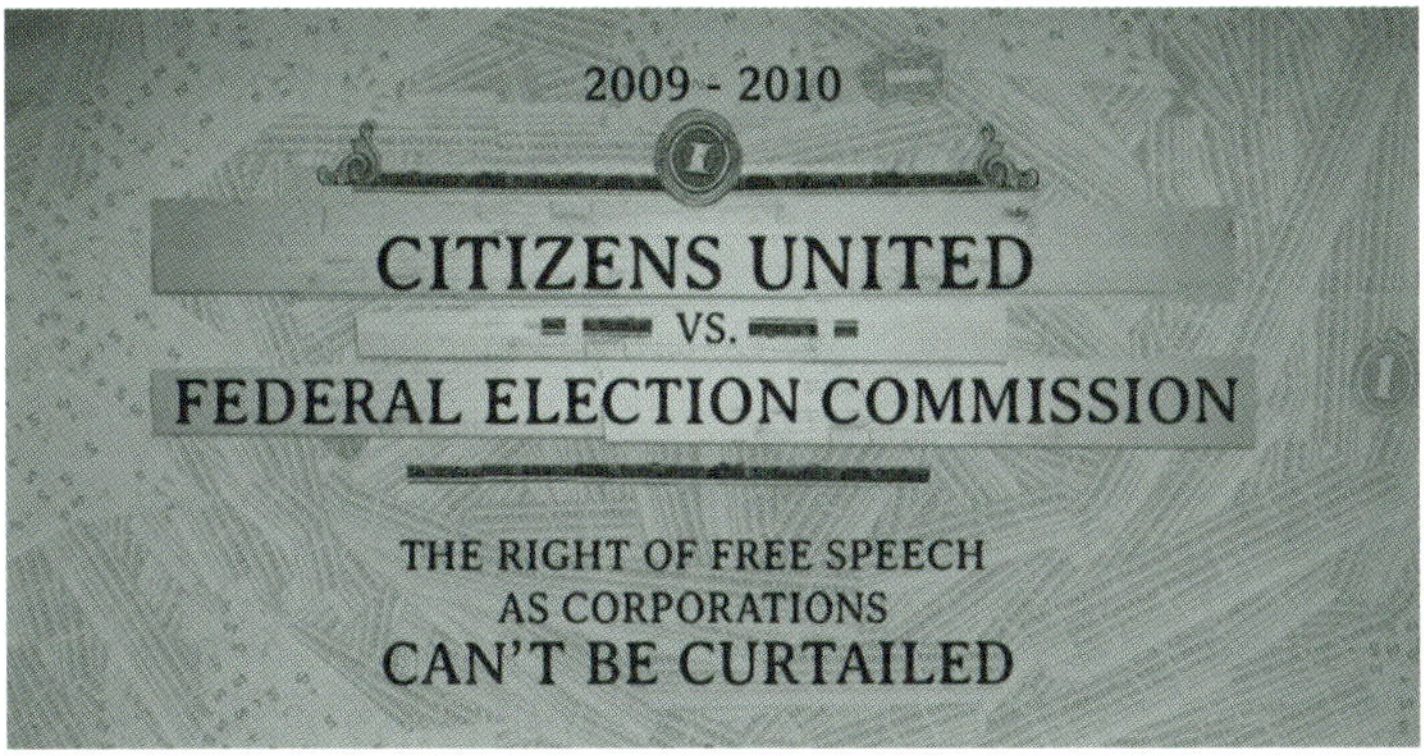

＊上の図は、一九七六年に出された最高裁判決「バックリー対バレオ」、下の図は二〇一〇年に出された最高裁判決「シチズンズ・ユナイテッド（連帯市民）対FEC（連邦選挙委員会）」の内容を簡潔に要約して示している。
上の図では「お金＝言論」、下の図では「企業の『言論の自由』は奪えないものだ」という要約文が、皮肉を込めて書き込まれている。

な攻撃でした。

この最高裁の判決は、読んでみると非常に興味深いものです。たとえばケネディ判事は判決で次のように言っています。「CBSという企業だって言論の自由を与えられている。かれらは企業だ。だとしたら、なぜゼネラルエレクトリック社GEも好きなだけお金を使って言論の自由を行使してはいけないのか」

なるほどたしかにCBSという企業は言論の自由を与えられていますが、それは報道という「公共事業」のひとつを担《にな》っているからです。だからこそ、言論の自由を与えられていると考えられているのです。新聞やテレビが言論の自由を与えられているのは、儲《もう》けを土台にしない「公共事業」に携わっているという前提があるからです。一方、ゼネラルエレクトリックのような企業は、はじめから儲《もう》けをその目的にしています。経営者やその株主や、それにお金を出している銀行などのために、儲けることがその主要な目的です。

しかし、この判決のおかげで、企業が大統領選挙にお金を出しても、その企業献金の内訳を公開することを要求されなくなりました。これは企業に巨大な自由を与えることになります。信じがたい判決です。アメリカという国を世界でも特異なる国にすることを意味します。この判決で、経済界はかつてないほどの巨大な権力を行使できるようになったからです。

　こうしてアメリカは、経済の場合と同じように、もうひとつの悪循環の道を歩むことになりました。というのは、最高裁判事は大統領によって任命されます。ところが、その大統領は経済界の出すお金でホワイトハウス入りができるわけですから、悪い大統領が悪い最高裁判事を任命することになり……と、悪循環が無限に続くことになるのです。

　政治学者トーマス・ファーガソンは、大統領選挙運動資金の研究者としては傑出した人物で、「政治の投資理論」という研究分野を開拓しました。その研究によると、経済界と投資家たちが政治制度に巨大な影響力を行使しているのに対して、肝心の有権者の投票は政治にほとんどなんの影響も与えていない、というのです。これはどういうことか、もう少し見てみましょう。

　大統領候補者が選挙運動を続けたいと思えば、選挙資金に何十億ドルものお金が必要になります。では、かれらはまずどこに向かうでしょうか。とくに「連帯

暴露「巨額の選挙資金と二〇一二年の大統領選挙に関して、評論家・専門家は、なぜ間違いを犯したのか」『オルタネット』誌　トーマス・ファーガソン&ポール・ヤンセン&ジー・チェン　二〇一二年一二月二〇日

▼194ージ参照

市民」の判決が出たあとは、企業は自由にいくらでもお金を出せるようになったわけですから、かれらの行く先は決まっています。企業の心臓部です。

　こうして選挙資金は、単に大統領候補者を手に入れるだけではなくなります。その候補者が当選した暁《あかつき》には、そののちも候補者と自由に連絡を取り合う権利を買ったことになるのです。金を出した企業はすべてそのことをよく理解しています。当選した候補者は企業に特権を与えることになります。今後のことを考えれば、当選しても引き続き将来の選挙資金が必要になるからです。

　さて、その特権というのは、具体的に言うと、企業の顧問弁護士たちが議員秘書のところに自由に出入りできる権利のことです。というのは、その議員秘書たちが実質的には議員立法の法案を書いているからです。議員本人は、自分が提出したはずの法案なのに、中身を知らないことすらあります。

　このように、実際の立法活動をやっている人たちのところに企業弁護士が出かけ、膨大な資料で議員秘書たちを圧倒します。それどころか、その資料を基に秘書たちと議論することによって、なんと企業の顧問弁護士が基本的にその法案を書いていることすらあります。それが政策となって表《おもて》に現れるときには、ほとんど企業弁護士やいわゆるロビイストによって書き上げられたものであることが珍しくないのです。これが、選挙資金によって候補者を買う、ということのほんとうの意味です。

真に重要なのは投票後の地道な活動

わたしの意見では、四年ごとに繰り返される大統領選挙という壮大な見世物は、わたしたちがそれに時間を割《さ》くとしても、せいぜい一〇分もあればすむものです。最初の一分は、どの候補者にしようかと迷うのにかかる時間です。その計算に一分もかかるのは、あなたが票の揺れている州（スイング・ステイト）に住んでいる場合です。その州ではまだ票が揺れ動いていて、あなたがどちらに入れるかによって州の行方《ゆくえ》が決まるからです。たとえば、あなたがクリントンに投票しないということは、自動的にトランプに投票したことになるからです。それが計算に一分かかる、という意味です。

次に、共和党と民主党の内容を検討するのに、まあ二分くらいはかかるでしょう。候補者の中身だけではなく、政党の中身を検討しなければならないからです。

しかし、現在の二大政党の様子を見る限り、せいぜい二分もあれば十分です。そして一〇分間の残りの時間をかけて、投票所に行き、投票するだけです。

では、投票に一〇分もかけたあと、わたしたちは何をすればいいのでしょうか。わたしたちに必要なのは、ほんとうに重要なことに向き合うことです。それは選挙ではなく、これまで続けてきた地道な努力を拡大し発展させることです。民衆運動に積極的に参加し献身することです。それは絶え間ない闘いを必要としているからです。

そのために必要なのは、単に街頭に出てデモをしたり、議員に圧力をかけることだけではありません。それら以上に必要とされているのは、意味のある選挙制度をつくりあげることです。単に四年に一回投票しているだけでは、ほんとうに機能する民主主義や、自分たちに役立つ政党をつくりだすことはできません。

もし二大政党とは別の独立した第三の政党を望むのであれば、四年に一回、投票するだけでは不十分なのです。絶え間ない闘いが必要なのです。そうしなければ、下は教育委員会から、上は市議会や州議会、そして最後の到達点である連邦議会に至るまでの、真に有効な選挙制度をつくりだすことはできません。

驚かれるかもしれませんが、このことをよく理解している人びとが、いわゆる極右と呼ばれる人たちです。ティーパーティと呼ばれる組織は、実はこのようにして組織されてきました。かれらはお互いのお金を持ち寄り、知恵を出し合って、政治の世界に影響を及ぼすようになったのです。

ところが、いわゆる左派の人たちは、独立した進歩主義的な政党に関心があるはずなのに、まったくそんなことをしてきませんでした。なぜそんなことになったのでしょうか。それは、左派とか、進歩主義とか、リベラルとか呼ばれた人たちが、敵の宣伝扇動に絡《から》めとられてきたからです。「いまもっとも大事なことは、大統領選挙という巨大な見世物に参加することだ」という宣伝です。

もちろん、事実、目の前に選挙があるのですから、それを無視することはできないでしょう。しかし、先ほども言ったように、そんなことは、ものの一〇分ですむことです。ほんとうに重要なのは、この選挙が終わったあとの活動です。それこそが絶え間ない持続的な努力を必要としているのです。

SOURCES #7-1

「原告シチズンズ・ユナイテッド（連帯市民）* 被告FEC（連邦選挙委員会）」

連邦最高裁判決　二〇一〇年一月二一日

マスコミ専門企業だけを選挙法の例外扱いにするということは、「法律を歪めてはならない」という法の理論的根拠を無効にすることを認めたのも同然だ。この例外扱いは、この法律が無効だとする別の理由を引き出すことになるからだ。つまり、自らの意見を伝える必要や動機がある企業のなかで、一部の企業は例外として扱われ、他の企業には、選挙法が適用されるということになるからだ。

マスコミ企業だけに例外扱いが許されているわけだが、マスコミ企業を所有・支配している企業は多様で、相当規模の投資をし、ニュース以外の業種にも参入している企業も存在する。

だとすれば、報道機関＝マスコミ企業は報道を主要な業務にしているから「話す権利」「言論の自由」がある、という主張もおおいに疑わしくなる。

＊シチズンズ・ユナイテッド（連帯市民）　ワシントンの政治コンサルタントであるフロイド・ブラウンによって一九八八年に設立された非営利の法人。コーク兄弟（「アメリカで資産規模第二位の民間企業」を所有する企業家）から大きな資金提供を受けている。この団体が、選挙資金と選挙ルールを定めた現行法を不服として連邦選挙委員会FECを訴えた裁判は、選挙で企業がどのようにお金を使うことができるかについて、いくつかの制限を取り除く未曾有《みぞう》の最高裁判例につながった。

なぜなら、複合企業はマスコミ事業とそれと無関係なビジネスとの両方を所有しており、全体的な企業権益を進めるために、マスコミに影響を与え、それを管理する部門も必要となるからだ。先の論理からすれば、そういう複合企業にも例外扱いを許さざるを得なくなる。

と同時に、一部の他の企業においては、これと同一のビジネス権益はもつがその所有構造のなかにマスコミ部門をもたないために、同じ問題を市民に話したり伝えたりすることを禁じられることになる。この差別的な処置は、憲法修正第一条を侵害するものである。

SOURCES #7-2

「原告バックリー 被告バレオ」*

連邦最高裁判決 一九七六年一月三〇日

個人や集団が選挙運動のなかで政策宣伝に使える費用を規制することは、意見表明の量を必然的に減らす。議論される問題の数、政策を検討吟味する深さ、政策を見聞きする聴衆観衆の規模などが制限されるからである。これは、今日の大衆社会では、意見や政策を宣伝するための全手段が、実質的に多くの費用を必要とすることによる。

＊バックリー対バレオ
原告のニューヨーク州保守党上院議員ジェームス・L・バックリーらが、一九七一年の連邦選挙キャンペーン法における選挙支出の制限は違憲であると主張し、被告の上院議長フランシス・R・バレオを訴えた裁判。被告バレオは、かつて上院事務総長であり、米国連邦政府を代表するFEC（連邦選挙委員会）の職権上の委員であった。

粗末なチラシや小冊子の配布にしても、紙や印刷や配布の経費をともなう。演説や集会も、ふつうは、会場を借りたり、日時や場所を公表する必要がある。有権者が情報を得ようとして、テレビやラジオその他のマスコミにますます依存度を高めていることが、こうした高くつく伝達方法を効果的な政治演説に欠かせない手段にしたのだ。

SOURCES #7-3

暴露「巨額の選挙資金と二〇一二年の大統領選挙に関して、評論家・専門家は、なぜ間違いを犯したのか」

『オルタネット』誌　トーマス・ファーガソン&ポール・ヤンセン&ジー・チェン

二〇一二年一二月二〇日

いまのところ、われわれが読者に念を押しておきたいのは次の点だ。おもに大投資家たちが資金提供した大統領選挙の動向は、伝統的な民主主義理論によって考えられる大統領選挙とは大きく異なるということだ。

すなわち、巨額の政治献金の、政治に対するもっとも大きな影響は、「確実に望みどおりの結果を最高値をつけた入札者＝献金者が得られるとは限らないが、巨額の献金者にとって受け入れ可能な、狭い範囲の問題から、政党や候補者や選挙運動を逸脱させせないでおく」ことが可能になるということだ。

政治における〝黄金律〟の土台は、アメリカでは議員や大統領に立候補することが法外に高くつく、という純然たる事実に由来する。

大規模な民衆運動がない場合には、巨額の選挙資金を提供できる政見のみが有権者に紹介される可能性がある。巨額投資家が合意する問題では、政党間の競争はまったく起こらないからだ（いまでは有名な富裕層一％のことを考えてみればよい）。

たとえ、有権者の過半数が求めているのは他の政策だと誰もが知っていても、政治はそれとはまったく無関係に進む。

PANEL
FIG. 23
FIG. 24
Fig. 1
FIG. 28
FIG. 29
FIG. 30
FIG. 31
FIG. 32

原理

8

民衆を家畜化して整列させる

アメリカには、労働組合という組織化されたひとつの勢力があります。労使協調など、欠点をもつ組合がないわけではありませんが、労働組合はこれまでずっと闘いの先頭に立ち、一般民衆の生活を向上させてきました。そして、すでに述べてきた「アメリカのもつ悪のサイクル」が持続し、企業による暴政につながっていくのを食い止める、大きな防波堤となってきました。

権力・金力を独占している人たちが、組織された労働組合に対して、ほとんど狂信的とも思える攻撃を加えてきたのは、ここに理由があります。組合は民主化された勢力であり、労働者の権利だけではなく国民全体の権利を護《まも》ることに貢献してきました。だからこそ、このアメリカ社会を所有し管理している権力層・特権階級にとっては、大きな障壁でした。

ここでどうしても言っておきたいことは、合州国の特権階級の間に広がっている反労働組合的感情は、他国には見られないほど強いものだということです。だからこそ、労働者の権利の中核をなす組織「国際労働機関ＩＬＯ」で、基本的権利だとされている「労働者が自由に寄り集まる権利」、つまり労働組合を結成する権利が、アメリカではいまだに議会で承認されず、批准されていないのです。思うに、アメリカは、こういう労働者の基本的権利を認めていない、世界で唯一の国ではないでしょうか。にもかかわらず、アメリカの政治的視野から、これはすっぽりと抜け落ちていて、一度も考えられたためしがありません。

アメリカは、労働者の間では階級意識がほとんどないのに対して、経済界においては階級意識がきわめて強く、経営者の側では、盛り上がりつつある民衆の力に深い関心と強い警戒心がもたれていました。ちなみに、これは教育界においてもあまり変わりません。教育界の支配者たちも、「行き過ぎた民主主義」が問題であるという意見では、「三極委員会」とほとんど同じでした。

思い出してみてください。アメリカには非常に長い労働運動の歴史がありますが、それは他の似たような国と比べると、非常に暴力的な弾圧に彩《いろど》られてきました。当時の労働運動は非常に強力なものでしたが、一九二〇年代には完全に弾圧され、いまや無きに等しい存在にされてしまいました。

それが潰されたひとつの理由は、一九一七年のロシア革命のあと、ウッドロー・ウィルソンがまき散らした赤の恐怖でした（これについては、労働運動史の偉大な研究者であるデイビッド・モントゴメリーによって詳述された、非常に優れた研究があります。それがかれの主著のひとつである『労働界の崩壊』です）。

こうして、一九三〇年代の初期には、労働運動は実質的な休眠状態に追い込まれていました。それが、三〇年代半ばになって復活します。産業別労働組合会議CIOの結成がそのもっとも顕著なものでした。それは多くの人びとを引きつけ、他の活動分野にも、電気ショックのような衝撃的な影響を与えました。

現在のアメリカでは口にしてはいけないことになっているのですが、当時の労働運動と手をつなぎながら、その先頭に立って活動していたのが、共産党でした。当時の共産党はあらゆる活動の前衛であり、公民権運動や労働組合の組織化だけ

「ルイス議長の組合といわれるUAWの指導部に、フォード社員らが殴る蹴るの暴行。八万人が鉄鋼ストライキ、一六人が乱闘で負傷」

ニューヨークタイムズ紙　一九三七年五月二六日

▼217ページ参照

でなく、他の社会運動・政治的活動の先頭に立っていました。しかしこのことは、このアメリカでは公言してはならないことになっているのです。

ニューディール政策

当時のアメリカ大統領フランクリン・デラノ・ルーズベルトは、アメリカ国民に利益をもたらす進歩的法案に大きな関心を寄せていましたが、それには、その法案を議会で通過させなければなりません。そこで、かれは労働運動の指導者や他の運動の指導者に呼びかけました。「その法案を議会で通過させられるように、わたしに圧力をかけてくれ、わたしに圧力をかけてくれれば、わたしは喜んでそれを通過させてみせる」と。要するに、かれが言いたかったことは、民衆が街頭に出て、集会を開いたりデモをしたり、労働運動を組織化し発展させ、ときにはストライキまでしてもよい、ということだったのです。国民からの圧力が十分でありさえすれば、国民の望んでいる法案を議会で通すことが可能になるからです。

こうして、民衆運動とそれに共感を寄せる政府との共同活動が生まれ、政府は、一九三〇年代の大恐慌が生み出した不幸・災厄《さいやく》を克服することができました。すでに述べたように、この大恐慌は金融危機が引き起こしたものですが、政府はそれを克服しようと新しい法案をつくり、民衆の利益になるように動いたのです。

一方、一九三〇年代のニューディール政策の間、財界経営者たちは二つに分裂していました。ハイテク産業に重点をおく経営者たちは、ニューディール政策を支持しました。労働者が自分たちの権利をもつことや適正な賃金を受けとることに反対しませんでした。むしろ、ニューディール政策を進めようとする政府の国際的政策を好みました。自分たちの製品を海外に輸出するためです。

他方、全米製造業者協会NAMに拠点をおく経営者たちは、ニューディール政策に強烈に反対しました。かれらの会社は、ハイテク産業と比べれば、はるかに労働集約的産業であり、その販売先も国内が中心だったからです。

このように、アメリカを支配している人たちの間に裂け目が生じていました。たとえば、ゼネラルエレクトリック社GEの社長は、ルーズベルトを支持する勢力のひとつでした。そのことが、先にも述べた大規模な大衆運動と相まって、ルーズベルトによるニューディール政策の立法を可能にしました。

こうしてニューディール政策は、大恐慌のもたらす最悪の不幸・災厄《さいやく》を克服し

演説「経営者たちはどのようにして価格管理局を破壊したか」ハリー・トルーマン　ケンタッキー州ルイビル　一九四八年九月三〇日

▼218ページ参照

ただけでなく、第二次大戦後のアメリカ経済の成長を築くことになりました。ただし、失業問題は残されたままでした。それがかなり解決されたのは、第二次大戦が起きたあとのことです。

以上みてきたように、アメリカ社会が大きく前進したのは、一九三〇年代に大きな民衆運動があり、それに同情的な政府が存在していた、ということにあります。その二者が手をつないだからこそ、そのような前進がありました。しかしながら、座り込みやストライキなどといった争議行為は、社会の支配者たちに大きな恐怖感を抱かせました。座り込みやストライキを認めれば、その次の段階では、労働者たちは「俺たちには経営者など必要ない、工場は自分たちで運営できるからだ」と言い出しそうに思えたからです。

そのことは三〇年代の後半の経済紙を読めばよくわかります。その紙面で経営者たちは「いま経済界はたいへんな災厄《さいやく》に直面している、労働者や一般民衆が政治的な力をもちはじめているからだ」と言っています。

それは経済界の人たちにとっては容認できない事態でした。「われわれは国民の心を勝ち取るために、永遠の闘いを続けなければならない。そのためには、資本主義を美化する物語を国民の頭に注ぎ込まねばならない」というわけです。まるで粗野なマルクス主義者が、経営者として語っているような響きがありました。いまや経営者階級は自分たちの階級闘争を闘うために、マルクス主義者になりつつあったわけです。

実際、一九三〇年代の経済界の新聞・雑誌を見ると、まるで『パウエル覚書』を読んでいる気がするほどです。「われわれは敗北した。すべてが破壊されつつある」。こうして経済界は、その当時、「ストライキ破りをする科学的方法」と呼ばれるものまで研究開発するようになりました。暴力的な弾圧だけではもはや役に立たない、それだけでは労働運動を押しとどめることはできない。そこで、労働運動を下から覆《くつがえ》す、もっと巧妙な方法を探しはじめたわけです。

先ほども述べたように、大恐慌そのものは、第二次世界大戦が始まるまでは実質的に終わりを告げませんでした。ところが、戦争が始まると、戦時経済といわれるものが始まり、政府の巨大な景気刺激策が、製造業に巨大な生産増大をもたらし、仕事を失っていた人たちは工場に戻ることができました。その結果、生産は四倍にも拡大し、それが大戦後の、かつてない成長と発展をつくりだす土台となったのです。
これは政府による巨大な支出、景気刺激策によるものであり、コンピュータとかインターネットなどのように、いまでは当然のごとく思われているものも、実は、このような実質的に国有化と等しい部門から生まれ発展してきたものでした。今日、いわゆるハイテク経済といわれているものは、こんなふうに発展してきました。つまり当時のアメリカ社会は、一種の社会主義経済だったのです。

経済界の反撃

こうして、第二次世界大戦中は一時、休戦状態にあった階級闘争ですが、大戦が終わるとすぐに、経済界の強力な巻き返しが始まります。その結果、出てきたのは、労働運動に足枷《あしかせ》をはめる「タフト＝ハートレー法*」であったり、共産主義の恐怖を煽り立てる「マッカーシズム*」などでした。そのようにして、経営陣は大規模な宣伝攻勢を開始し、労働組合を攻撃するだけでなく、教育界やスポーツ界にまで手を伸ばし、それを支配しようとしました。それどころか、教会などといったすべての分野に影響力を広げました。それは実に大規模なもので、いまで

*タフト＝ハートレー法
アメリカで一九四七年に制定された全国労使関係調整法の通称。提案者の、上院議員タフトと下院労働委員長ハートレーの名に由来する。ストライキの禁止など、一九三五年のワグナー法で認めた労働者のさまざまな権利を大幅に制限した。

*マッカーシズム
アメリカ国内を一種のヒステリー状態におとしいれた「赤狩り」。共和党上院議員J・マッカーシーを中心におこなわれたので、この名称で呼ばれる。
一九五〇年から五四年にかけて、共産主義者に対する過激かつ狂信的な攻撃・追放がおこなわれ、チャップリンをはじめ、多くの知識人や文化人が

は、これに関する素晴らしい研究書がたくさん公刊されています。

それらの研究書を読めばわかるように、経済界による攻撃が強くなるにつれて、国民の政府に対する態度に微妙な変化が出てくるようになりました。敵意や恐れをいだきはじめたのです。政府は本来、民衆の意思を実現させることを可能にする道具だったはずなのに、それを恐れたり憎んだりするよう仕向けられ誘導されていったのです。


一方で民間企業は、説明責任を負わずに好き勝手に行動できますから、かれらの手にますます権力が集中し、企業による独裁、企業による暴政がもたらされるようになりました。その結果、政府のもつ権力はますます小さくなります。先にも述べたように、人びとは政府を憎むように仕向けられているのですから。

それは富裕層や特権階級からすればよいことでした。ところが、奇妙なことに、企業経営者のほうは、ますます政府を支持せざるを得なくなっていきました。民間企業はますます広く政府の支援を当てにするように変わってきていたからです。それは、すでに述べたハイテク産業への援助だけではなく、倒産したときの救済や国際競争力を付けるための政府援助など、きわめて広範囲にわたってきているか

標的にされ、職を奪われたものも少なくなかった。『ローマの休日』の脚本を書いたダルトン・トランボが偽名でこの作品を書かざるを得なかったのも、このためである。

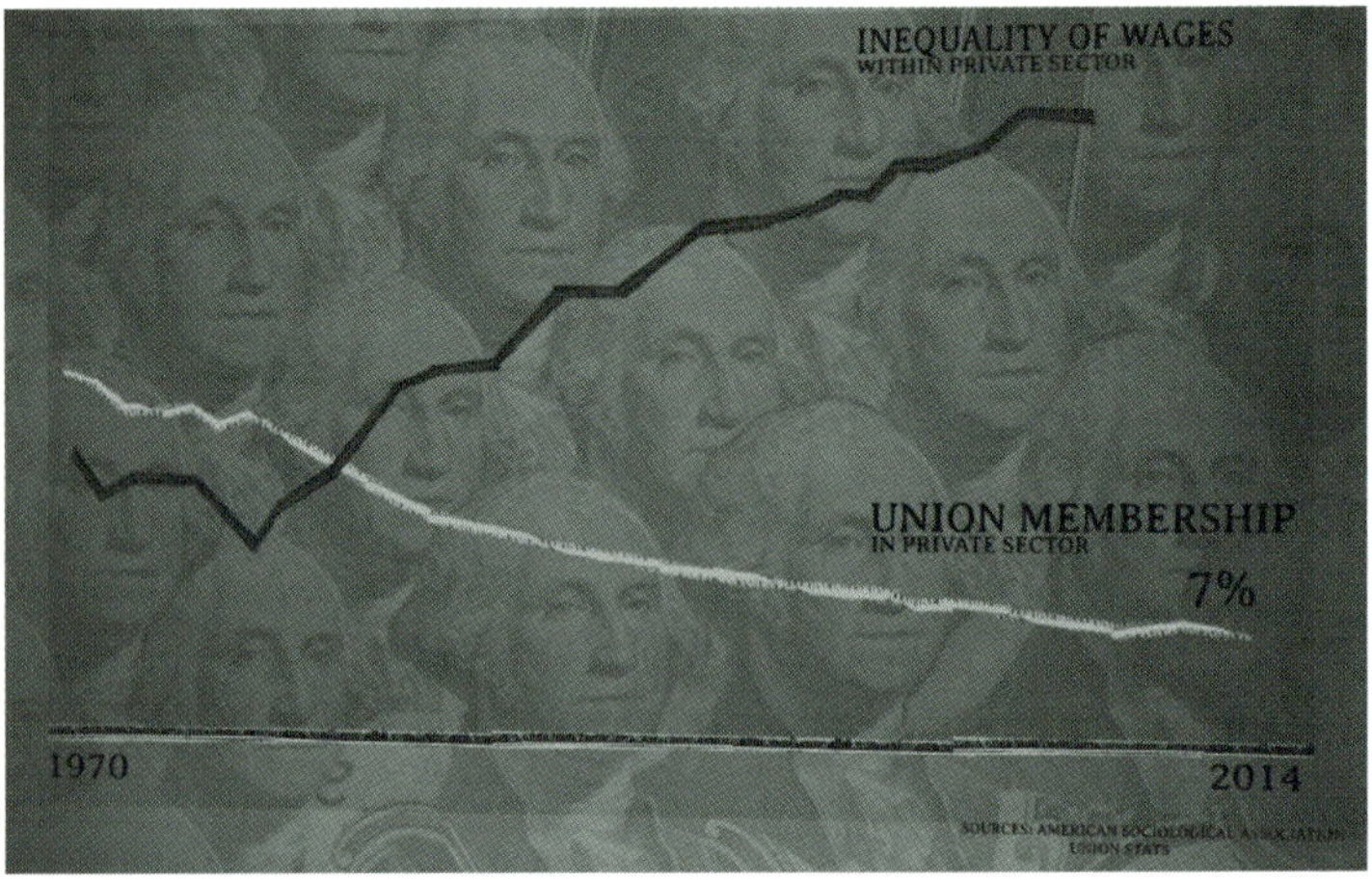

らでした。

それはともかく、このような経営者・経済界からの労働者に対する攻撃は、レーガン政権の時代に急上昇しました。レーガン大統領は経済界に「もし、お望みなら、スト破りであれ組合の破壊工作であれ、法律に違反しようとも、どんどんやってください」とすら言っていたのです。

実際、不法なスト破りは急上昇しました。違法な首切りも三倍になりました。一九七〇年のころすでに、全米自動車労組の委員長だったダグラス・フレーザーは、公開状のなかで、「経済界は労働者に対して一方的な階級闘争を展開している」と、嘆きと怒りの声

＊上のグラフは、労働組合の組織率が落ちていくのと反比例して、民間部門の賃金格差が急激に拡大していくようすを表している。

「企業側は一方的な階級闘争を選択した」ダグラス・A・フレーザー　一九七八年七月一七日

▼219ページ参照

を上げていました。

そのような攻撃は一九九〇年代も続き、ジョージ・W・ブッシュ大統領のとき、頂点に達しました。いまでは、民間部門における労働者の組織率は七%以下にまで落ち込んでいます。これはもちろん労働者が組合を欲していないからではなく、むしろまったく逆です。世論調査が示すように、労働者の圧倒的多数は、組合を望んでいます。しかし、首切りを恐れて、それができないのです。数年前、それを劇的に例証する事件が起きました。


二〇一一年、ウィスコンシン州マディソンで、公務員労働者が組合の権利縮小に反対して集会を開いたとき、それを支持する巨大な民衆の動きがありました。他の州でも同じ動きが少なからず見られました。集会のきっかけは、労働運動にかろうじて残されていた公務員労働者の組合が、ウォーカー州知事によって壊滅させられようとしたことでした。

このウォーカーを裏から支えていたのが、コーク兄弟のような超富裕層や共和党の議員だったのですが、これが大規模な民衆による抗議運動を引き起こしました。マディソンでは毎日のように街頭で数万にも及ぶ抗議運動が続き、州議会を

「占拠する」運動にまで発展しました。世論調査によれば、人口の大多数がその公務員労働者の運動を支持していました。

この運動は、残念ながらウォーカー知事を辞任させるには至りませんでしたが、これは劇的な事件でした。もしそのような大きな運動が持続していれば、事態をまったく新しいものに導いていたことでしょう。また、あのルーズベルト大統領のような、労働運動に共感を寄せる政府がアメリカが抱える真の問題に立ち向かう政策をとっていれば、事態は大きく変わっていたことでしょう。しかし、オバマ大統領はそのような政策をとりませんでした。

この運動で、ウォーカー知事を辞任に至らせることができなかったということは、大戦後の経済界による攻撃の影響がまだ大きく残っていることを示すものでもありました。非常に高い階級意識に支えられた経済界・有産階級による攻撃があり、それに対抗できるだけの日常的な勢力は、現在のアメリカには存在しないことを示す事件でもありました。

経営者の「新しい時代精神」

もしあなたが富裕層・権力層の立場なら、自分自身の階級意識は維持しながら、貧困層・労働者の階級意識は消し去ってしまいたいと思うでしょう。それを考えるために一九世紀に戻って考えてみましょう。

一八〇〇年代初期はアメリカの産業革命の時代で、労働者階級の人びとは、階級闘争ということをはっきりと意識していました。というのは、圧倒的多数の労働者は、自分たちの賃金労働は黒人の奴隷制度とたいして変わらない、と見なしていたからです。違っているのは、黒人の奴隷制度は「永遠」であり、自分たちの奴隷制度は「一時的」なものである、ということだけでした。

実際、それは黒人の人たちにも非常に広まっていた考え方だったので、リンカーンの共和党ですら、選挙スローガンに、そのことを掲げていたほどです。北部の労働者たちは、そうした理念のもとで南北戦争に参加したのです。

かれらは、南部の家財奴隷制やあらゆる奴隷制に反対すると同時に、賃金奴隷としての奴隷制反対を自分たちの闘争目標に掲げていました。その当時の労働者と労働組合は、当然のごとく「労働者は自分たちで工場を接収し、自分たちで運営すべきだ」ということすらスローガンとして掲げていました。

このことは、アメリカの歴史をさかのぼってみれば、もっとはっきりします。その源流を調べてみると実に面白いことがわかります。

一五〇年以上も前、つまり一九世紀中頃の新聞は、非常に自由の雰囲気に満ちていました。たとえば、労働者は工場などで自分たち自身の新聞をもっていました。それは特にニューイングランド東部地方で顕著でした。それらの新聞に共通していたのは、生産体制に対する激しい攻撃です。というのは、その生産体制は、自由であるべきアメリカ人を基本的には奴隷と同じ状態に追い込んでいたからです。賃金奴隷は黒人の奴隷制度とほとんど変わらないものと見なされていました。

しかし、とりわけ強い怒りを呼んでいたのは「新しい時代精神」と呼ばれるものでした。それを当時の新聞から引用してみましょう。

「すべては富を得るため、自分以外のことはすべて忘れろ」。これが「新しい時代精神」と呼ばれるもので、それが働く人たちの怒りの対象となったのでした。

これが一九世紀半ばのアメリカでした。一五〇年前のこの「新しい時代精神」、すなわち、「自分が豊かになりさえすればいい、他人のことは忘れろ」というのは、その当時の経営者の非常に鋭い階級意識であり、労働者たちはそれに激しく反発

「工場で働く人びとこそ工場を所有すべきである」マサチューセッツ州ローウェルの「女工たち」『工場小論集』一八四五年

▼222ページ参照

していたのです。

権力層や特権階級の利益を護《まも》るためには、働く民衆の頭から、このような考え方を追い出す必要がありました。かれらは、抑圧された階級であるということを労働者たちに自覚してほしくありませんでした。こうして現在のアメリカでは、「階級」「階級闘争」という言葉は、禁句、タブーになってしまっています。公《おおやけ》の場では使ってはいけない言葉になっているのです。


このことをもっと知るために、アダム・スミスの『国富論』に立ち返ってみましょう。ほとんどのひとが学校時代に『国富論』の最初の一節ぐらいは読んだことがあると思います。イギリス社会では、肉屋やパン屋とかに分業されていても、すべての人が手を携えて協力し合っていたと、『国富論』の最初の部分で分業の素晴らしさが説かれています。

『国富論』の、たとえば、四五〇頁まで読み進んだひとはそう多くないでしょうが、しかし、アダム・スミスは、そのあたりから分業を鋭く批判しはじめているのです。分業は人間を機械に変えてしまうから、というのがその理由です。分業は人間を愚かで無知な存在にする、分業は人間を無味乾燥で単調な仕事に追い込んでしまい、知恵を働かせたり想像力を発展させたりする余地をまったく奪ってしまう、というのがアダム・スミスの言い分でした。したがって、あらゆる文明社会における政府の仕事は、このような分業を阻止することにあるべきだ、とかれは主張していました。

われわれは人間であり、ロボットではない。職場で働くにしても、人間であることを止めてはならない。人間であるということは、豊かな文化的伝統から利益を得ることである。単に自分たち自身がもつ伝統だけではなく、他の多くの人たちや地域の伝統からも豊かなものを受け継ぐべきだ。単に熟練労働者になるだけではなく、人間としても賢く豊かになるべきだ。これがアダム・スミスの考え方でした。

考えることができる人は誰であれ、創造的に考え、他人の考え方に従属せず、物事を飽《あ》くことなく探求し追求し、そしてそのことを通じて社会に貢献すべきだ、もしそのようなことがなければ、あなたがたの労働はロボットに置き換えられてしまう。生きるに値する社会をもちたいと思うのであれば、このような考え方は決して無視することはできないでしょう――これがアダム・スミスの主張でした。

ちなみに、このアメリカ社会では、公《おおやけ》の場で言ってはならない言葉がもうひとつあります。それは「儲《もう》け、利潤」という言葉です。だから、政治家が演説するときは、決してそのような言葉は使いません。かれらが選挙で演説するときに口から出てくる言葉は、「仕事を増やせ」という言葉です。しかし、ちょっと立ち止まって考えてみれば、それは常に「儲《もう》けろ、わたしたちは儲《もう》けなければならない」という言葉に翻訳できます。事実、かれらは民衆の仕事のことなど、ほとんど気にかけていません。それが証拠に、「仕事を増やせ」と言っている人びとが、喜んでその仕事をメキシコや中国に海外移転させているのですから。そのほうが儲《もう》けを増やせるからです。

わたしたちの周りには、さまざまな言葉が飛び交っていますが、その言葉はすべて自分たちの周りで何が起きているのかを見ることができないように仕組まれたものです。そのような言葉を使えば、物事の本質を覆い隠すことができるからです。これは理解できないことではありません。権力をもつ人びとが望んでいるのは、まさにそのようなことだからです。しかし、わたしたち民衆は、そのことをしっかりと認識しておく必要があります。

階級意識

アメリカという国は、ヨーロッパや日本と比べると、いっそう社会的流動性の少ない国になってきています。つまり、貧乏な家に生まれればずっと貧乏なまま、ということです。でも、あなたが階級について話しはじめれば、人びとはそのことについて考えはじめるでしょう。

実際、わたしの友人のひとりに州立大学で歴史学の入門コースを教えている教師がいますが、彼女が自分の学生に「どういうときに自分の階級を意識しはじめるか」とたずねると、返ってくる答えはだいたい二つだそうです。もし父親が刑務所にいるなら、自分は下層階級であり、自分の父親が雑役夫なら、自分は中産階級だ、と。下層階級であれ中産階級であれ、かれらにはこの二つの概念しかないのです。

わたしたちが働く人たちのことを話題にしているとき、わたしたちの念頭にあるのは、ほとんどの場合、中産階級という言葉です。下層階級という言葉は頭から消えてしまっています。そういう意味では、中産階級という言葉はアメリカ特有の考え方であり、厳しい攻撃を受けた結果、下層階級や労働者階級といったような他の言葉が頭から消えてしまっているのです。

かくして、このアメリカは、「階級」、とりわけ労働者階級ということを口にしてはならない、数少ない国のひとつとなっているのです。

先日、国勢調査を調べてみると、階級という概念で人びとを分類する項目すらありませんでした。しかし、階級という言葉は非常に簡単に定義することができます。誰が命令を下し、誰が従うか、ということです。これが階級の基本的な定義です。もっと微妙で複雑な言い方もできるでしょうが、基本的にはそれがすべてです。

現在のわたしたちは、遺伝的に考えれば、一九三〇年代のアメリカ人となんら異なるところはありません。だから、その当時かれらがやったことは、現在でもできるはずです。

当時は、いまよりもはるかに大きな貧富の格差がありました。ところが、あの素晴らしい労働運動が展開されたのです。当時は、貧富の格差だけではなく、労働運動に対する激しい攻撃・弾圧・破壊があり、そして、いまよりはるかに働く機会の少ない時代でした。それでも一九三〇年代のかれらは闘い続け、勝利を勝ち取りました。だとすれば、わたしたちも同じ課題に取り組み、現在の流れを変えることができるはずです。

しかしそれは、待っていれば自然に起きることではありません。闘って勝ち取らなければならないものなのです。

SOURCES #8-1

「ルイス議長の組合といわれるUAW*の指導部にフォード社員らが殴る蹴るの暴行。八万人が鉄鋼ストライキ、一六人が乱闘で負傷」

ニューヨークタイムズ紙　一九三七年五月二六日

暴力の爆発。組合指導部らが、殴られ、蹴られ、撃退される。フォード自動車会社の従業員を組織する全米自動車労組UAWの最初の挑戦にとって、今日は運命的な日となった。

リチャード・T・フランケンスティーン（産業別労働組合会議CIO自動車労組の活動を指導）と、ウォルター・ルーサー（自動車労組のウエストサイド支部長）は、ミシガン州ディアボーンにあるフォード社ルージュ工場の第四ゲートで、会社の雇用する集団に襲われた。

組合の宣伝ビラ配布を見届けようと同行した別の男性二人とともに、かれら二人は繰り返し、殴る蹴るの暴行を受け、最終的にはゲートから離れざるをえなかった。フラン

*ルイス議長とUAW
全米自動車労組UAW（United Auto Workers）は、アメリカの自動車・農業機器・航空宇宙産業などに従事する労働者によって組織されていた労働組合。一九三七年の鉄鋼スト当時の議長はジョン・L・ルイス。最盛期の当時、一五〇万人以上の組合員を抱えていた。

*リトルスチールの鉄鋼スト
このストライキは、八万人の労働者を雇用していた小規模製鉄会社（いわゆる「リトルスチール」）に属する合計三〇の異なる工場に影響を与え、一九三〇年代のもっとも激しいストライキのひとつとなった。数千人の労

ケンスティーンは襲撃者と闘ったが、力尽きた。

組合によると、続いて起こった乱闘で、パンフを配布するためにやってきた組合活動家たちを、会社が雇った集団が打ちのめし、一二人以上を負傷させた。負傷者のうち七人が女性だった。

「それは俺たちがいままでに受けたことのない最悪の暴行だった」とフランケンスティーンは断言した。「奴らは、歩道橋のコンクリート階段から俺たちを転げ落として殴打し、それでは飽き足らず、また引きずり上げて立たせ、もう一度、殴り倒したんだ」

こうして、フランケンスティーンとルーサーの二人は、他の数人の被害者といっしょに病院に担ぎ込まれて、医師の治療を受けることになった。

働者が逮捕され、三〇〇人が負傷し、一八人が死亡した。リトルスチールの経営者たちは最終的にストライキを打ち負かしたが、労働者たちの組合組織化という目標は五年後に達成された。一九四二年、アメリカが第二次世界大戦に参戦した翌年のことだった。

SOURCES #8-2

演説「経営者たちはどのようにして価格管理局を破壊したか」

ハリー・トルーマン* ケンタッキー州ルイビル 一九四八年九月三〇日

経営者の団体NAM（全米製造業者協会）が、アメリカの消費者に対して、この陰謀をどのように組織したのでしょうか。わたしたちはいまやそれを知っています。NAM役員のひとりが、あるインタビューで、その話を暴露したからです。そのなかで、自分

*ハリー・トルーマン
アメリカ第三三代大統領。第二次世界大戦末期、ルーズベルトの死去で大統領に就任。再選をめざす一九四八年の大統領選で、自身の政策を〝フェアディール政策〟と呼び、ルーズベルトのニューディール政策を受け継ぐ立場を強調。その政策は、社会保障、公民権、タフ

ト＝ハートレー法の撤廃などを含んでいた。

たちがやった仕業を大いに自慢しています。それは価格管理法が死滅させられたあとに公表されたものです。

このインタビューで、NAMの広報担当部長は話しました。価格管理局OPAを破壊するために、一九四六年にNAMの組織は三〇〇万ドルを費やしたのだと。新聞広告には一〇〇万ドルも費やしたのです。

かれらは自分たちの演説者を女性クラブ、市民団体、教師の集会に送り込んで、一〇〇〇回もの演説をさせ、さらに牧師一万五〇〇〇人、農業指導者三万五〇〇〇人、女性クラブの指導者四万人という人びとのなかに演説者を送り込み、無数の討論会を組織したのです。そのうえ、NAMの宣伝が載った特別なクリップシート（片面印刷紙）が、毎週七五〇〇の新聞、二五〇〇人の編集者とコラム執筆者に送られました。

アメリカ人を誘導し、欺くために、これほど悪質、これほど組織的なキャンペーンは、これまで一度もありませんでした。

SOURCES #8-3

「企業側は一方的な階級闘争を選択した」

ダグラス・A・フレーザー　一九七八年七月一七日

わたしは、これ以上は〝労使関係グループ〟に出席し続けることができないという苦渋の決断をするに至りました。したがって七月一九日をもって、グループの委員を辞職いたします。これらの会合への参加が、わたしにとって、あるいはわたしが委員長として代表しているＵＡＷ一五〇万人の労働者にとって、もはや有益ではないとの結論に達したからです。

経済界の指導者は、わずかな例外はありますが、今日この国では、一方的な階級間の戦争をおこなう選択をしたのだと思います。つまり、働く人々、失業者、貧困者、マイノリティ、若年層と老年層、中産階級の多くに敵対する戦争です。アメリカの産業・商業・金融の指導者たちは、過去の成長期・進展期には存在していた、口頭での（したがって脆《もろ》い）契約を破り、破棄してしまいました。

かなりの期間、経済界と労働界の指導者たちは〝労使関係グループ〟のテーブルに座り、差異は認識しつつも、グループが拠《よ》って立つ一致した意見を追求してきました。それが上手《うま》く機能したのは、アメリカの経済界が、労働界を押さえ込んで、いわゆる「恵み深い」資本主義の推進に成功したからでした。それは自由で民主的な政治に忠誠を表明しつつ、私有財産・独立心・自己規制を強調しました。

その体制は実にうまく機能しました。もちろん「持たざる者」よりも「持てる者」のためにしかしそれが曲がりなりにも生き延びたのは、暗黙の了解があったからでした。すなわち、社会のある層にとって事態が悪くなりすぎたときは、経済界のエリートが、たとえ雀の涙であろうとも、わたしたちに「与えた」からです。政府や利益団体に働きかけて状況を幾分か好転させたからです。

ただし、そのような「おこぼれ」も、一九三〇年代の労働運動や一九六〇年代の公民権運動のような、持続的な闘争のあとに限られていましたが。

また恐らくもっとも深刻なのは、最近の労使関係の破壊です。経済界によって仕掛けられた「労働法改革案」に対する攻撃は、三〇年以上の労働運動のなかでも、もっとも悪意に満ちた不公平なものです。労働法改革それ自体は、労働者を個人的に組織化しようとするものではありません。そうではなく、「現行労働法をあからさまに踏みにじり、労働者の民主的な組合選択権を妨害している」悪質な経営者に制限を加えようとするだけのものでした。

経済界の新たな動向は他の多くの領域にも見られるものです。愛国心も倫理もなく、ただ私利私欲だけの多国籍企業の隆盛は、わたしたちになんの説明責任も果たしません。わたしの認識では、経済界の要求は実質的に、あらゆるレベルで扱いやすい政府と、規制されない企業を求めるものです。かつて御用組合を要求した企業は、いまでは全く組合のない職場を求めています。

SOURCES #8-4

「工場で働く人びとこそ工場を所有すべきである」

マサチューセッツ州ローウェルの「女工たち」『工場小論集』* 一八四五年

仲間のみなさん、あなたが自分のつくった製品を売るとき、あなたたちは自分の身体《からだ》は保持しています。しかし、あなたが労働を売るときには、あなたは自身を売るのです。自由人の権利を失い、お金で築かれた特権階級、巨大民間企業の奴隷になるのです。

そしてかれらは、奴隷化したり抑圧したりする権利に疑いをもつすべての人に、おま

*工場小論集（Factory Tracts）
トラクツ（Tracts）というのは、もともとオクスフォード大学の教員が中心になって定期的に発行していた論文集の題名であったが、それをもじって、女工たちは自分たちが発行する小冊子の題名とし、定期的に小論文を発表し、配布していた。

えたちを破滅させるぞ、と脅迫するのです。

工場で働く人びとこそが工場を所有すべきであり、私的専制君主が操作する機械の地位に自らを貶《おとし》めるべきではありません。かれらは、この民主主義の地で、君主制の原理を確立しつつあるからです。かれらは新しい営利的な封建主義のもとで、自由、権利、文化、健康、道徳、知性の劣化・剥奪を推進しているのですから。

ED STATES OF AMERICA
THE UNITED STATES
F 31531032 D
F 20709731
F 19989062 D
DOLLAR
B 25375915 C
B 25375929 C

原理 9

合意を捏造《ねつぞう》する

政府の本質に関する、最初で、かつもっとも優れた現代的研究のひとつは、偉大な哲学者であり政治学者であったデイビッド・ヒュームによるものでした。かれは「政府学の基礎」と自分で名付けたものについて論述し、そのなかで、ひとつの重大なことを指摘しました。それは、強権的であれ、軍事独裁であれ、いかなる政府・国家においても、「その権力は最終的には支配される者の手にある」ということでした。すなわち、被支配者たちが団結すれば権力を握ることができる、というのです。

逆に言えば、民衆が自分たちには力がないと思わされている限り、権力者たちは民衆を支配できるということです。しかし、ひとたび民衆が自分たちに力があると認識するようになれば、そのときは、抑圧的な独裁政権であろうとも必ず崩壊する、というのです。

「実質的な権力は、常に多数者、すなわち被支配者側にある」

デイビッド・ヒューム『道徳、政治、文学についての論考』一七四一年

▼241ページ参照

これが現在、巨大な広報宣伝産業というものが存在する理由のひとつです。

広報宣伝産業の勃興《ぼっこう》

広報宣伝産業は、もっとも自由な国とされるイギリスやアメリカで発達した現象です。その理由はきわめて明確です。一世紀前にはすでに、民衆を力で押さえつけ支配することはそれほど容易ではない、ということが明らかになりつつあったからです。多くの国で労働運動が組織され、議会でも労働党が力を得るにつれて、多くの自由が獲得され、女性も参政権を得るなど新しい進展があったからです。それは、一九六〇年代のころと同じように、支配者のなかに「民主主義の危険」という意識を生み出しました。そして、それへの対策・反撃は、どの国でも似たようなかたちをとりました。その決定的な側面が、広報宣伝産業の勃興だったのです。

当時、言論界をリードし、知識人のなかで一種の権威者として君臨していたのが、エドワード・バーネイズでした。かれは、ウィルソン、ルーズベルト、ケネディといった人物が大統領だったときに、一貫して進歩派とされる人たちの間で話題になっていた人物であり、政治地図のなかで最左翼と呼ばれる人たちからも一目置かれた人物でした。

そのかれが『プロパガンダ（宣伝・扇動）』という題名の本を出しています。それは広報宣伝産業の勃興《ぼっこう》に理論的根拠を与える一種の手引き書で、当時は、知識人がそのような題名の本を出しても、まったく恥ずかしく思われない時代でした。かれは、その本を出した目的を、マディソン流の言葉で次のように説明しました。国家というものは「知的少数者」によって支配されねばならない、と。

知的少数者というのは、わたしたち大学教授のような人たちを指します。そのような考えを支持するひとは誰であっても、知的少数者の一部となります。そしてこの知的少数者こそが、一般民衆の利益を代表して、国家を運営しなければならない、というわけです。一般民衆に自分で政策を決めさせてはならないのです。一般民衆に任せておくと、とんでもない決断をするから、というのです。

ではどうすればいいのでしょうか。その手段のひとつとして考えられたのが、バーネイズの言う「合意の捏造《ねつぞう》」ということでした。一般民衆とは、もの言わぬ民衆であり、物事を正しく理解できない存在であるから、かれらに代わって何を

「統治者の資質とは、大衆の習慣や意見を意識的かつ合理的に操作できる能力である」エドワード・バーネイズ『プロパガンダ』一九二八年
▼２４２ページ参照

決定すべきかについての合意をつくりだしてやる、というのが、かれの考え方でした。そして、その目的を達成するために考え出されたのが広報宣伝産業というものでした。

よく調べてみると、このような原理はアメリカの進歩的知識人のなかに一貫して流れていた考え方でした。たとえば、ウォルター・リップマンのような二〇世紀におけるもっとも進歩的な知識人と言われる人も同じ考え方でした。かれが書いた民主主義に関する有名な論文のなかでも、まったく同じ意見が展開されています。「民衆というものは、しかるべき場所にその場所を用意しておくべきだ」、そうしないと、「迷える群れ」から余計な干渉が入り、責任ある人間が正しい判断をできなくなるから、というのです。

消費者の捏《ねつ》造《ぞう》

当時、もうひとつよく理解され表明されていたのは、政治の分野だけでなく経済の分野でも、民衆の思考や態度を支配しなければならない、という考えでした。態度や行動という点で民衆を支配するもっともよい方法のひとつは、「よい消費者をつくりだす」ということでした。この用語は、偉大な政治経済学者であったソルスタイン・ベブレンがつくりだしたものです。

民衆のなかに欲望をつくりだし、すぐ手の届くところにその製品を置きさえすれば、民衆はその罠《わな》にはまり、その「生活必需品の消費者」になっていく、というわけです。それは一九二〇年代の経済史を読めばよくわかります。そこで話題になっていたのは、民衆の関心を毎日の生活の取るに足りないようなことに引きつけていく必要性についてでした。それが「流行を追いかける消費者」の創出といわれるものでした。そうすれば民衆は流行ばかりを追いかけ回し、「われわれ」のほんとうの狙《ねら》いに気づかずにいてくれるから、というわけです。

実際、バーネイズは死ぬまでにいくつかの見るべき仕事を成し遂げました。その最初のものは、女性に喫煙をさせることでした。それまでの女性はタバコを吸わなかったのです。そこでかれは大々的な宣伝活動を組織しました。わたしの記憶では、たしか、それは一九三〇年代のころで、そのタバコの名前はチェスターフィールドだったと思います。バーネイズは女性を宣伝広告によって巧みに説得し、そのタバコを吸わせたのでした。

「女性へのタバコ販売戦略：社会的タブーから〝自由のかがり火〟へ」
アマンダ・エイモス＆マーガレサ・ハグルンド　二〇〇〇年
▼２４４ページ参照

そのときの宣伝文句は、いまの言葉でいうと、「クール」「かっこいい」とでもいうもので、タバコを吸う女性を解放された女性のロールモデルとして売り出したのです。もちろん、そのような成功が何千万人もの女性の死に結びつくとは誰も想像できませんでした。

ちなみにバーネイズのもうひとつの大きな成功は、一九五〇年代のころのもので、そのころ、ユナイティド・フルーツ・カンパニーで仕事をしていたかれは、中南米のグアテマラで、民主的に選ばれた政府を転覆することに成功しました。そのときの口実は、そのグアテマラ政府がユナイティド・フルーツ・カンパニーの経営を脅かしているから、というものでした。それを口実に、アメリカの民衆を説得し、グアテマラ政府の転覆を議会で承認するよう仕向けたのです。その結果、グアテマラという国は、その後五〇年にもわたって、アメリカによって据《す》えつけられた軍事独裁政権のため、恐怖と虐殺の日々を過ごすことになりました。

それはともかく、このような考えは、アメリカの知的エリートのなかではごくふつうのものであり、アメリカの歴史をずっと貫いてきているものです。かくして、アメリカの広告産業は爆発的な広がりを見せ、偽りの消費者をつくりだし、人びとを間違った消費熱へと追い込むことになりました。しかも、非常に洗練された、手の込んだやり方で。

現在のアメリカでは、その理想的な形態を一〇代の少女のなかに見いだすことができます。たとえば彼女たちには、授業のない土曜日の午後、図書館などではなく、ショッピングモールに出かけることが「かっこいい」ことだということになっています。また子どもたちは、次のように考えるよう仕組まれています。「もう一台、電気で動くオモチャがないと、人生、終わりだ」

その根底にある考えは、人びとの頭を支配し、社会全体をひとつの完全な体制に仕組むことです。完全な体制というのは、「二個一組」に基づく社会です。二個一組というのは、「あなた」と「あなたの見るテレビ」との一対です。いまの流行りでいえば、あなたとアイフォンかもしれませんし、あなたとインターネットになるかもしれません。その一組があなたに快適な生活を提供するわけです。かれらは、あなたが快適で健康な生活を送るためには、それらが必需品ですよ、というわけです。

こうして、あなたはそのようなガラクタ商品を手に入れるために、全力を尽くすことになるわけです。実際は、必要でなかったり、ほんとうは欲しくなかったりするようなものだから、少し時間がたつと、すぐに投げ捨てることになるのですが。

いずれにしても、それらはアメリカ人、とりわけ若者が文化的な生活を送るための物差しになっているのです。そういうものをもっていないと、文化人だと思われないのです。

非合理的・非理性的な選択

もしあなたが大学の経済学のコースを選んだとしたら、市場《しじょう》というものは、十分に情報を与えられた消費者が合理的・理性的な選択をする、という前提に基づいているということを学ぶはずです。言うまでもないことですが、こんなことはほとんどおこなわれたためしはありません。

市場原理に基づく広告主ならば、たとえばゼネラルモーターズ社GMのような企業なら、製品や商品の短い広告を載せ、有名な『コンシューマー・レポート』という企業向け宣伝誌がつくりだした宣伝文句を添えるでしょう。そうすれば消費者は買うかどうかの判断ができる、というわけです。

ところがその宣伝をよく見ると、車の宣伝というよりは、その車のそばにいるフットボールのヒーローや女優の宣伝だったりするわけです。またその宣伝ビラに載っている車の写真は、山の上を駆け上るような、ちょっと考えられないようなことをしている写真だったりします。

あるいは、あなたがテレビのスイッチを入れるとしましょう。すると画面に現れるのは、何十億ドルものお金をかけてつくりだされた宣伝商品で、それを見た消費者たちは、商品に関する具体的な情報がないにもかかわらず、その商品を買う非合理的・非理性的な判断をするのです。それが広告宣伝というものです。

数年前、宣伝業界ではひとつのことが認識されるようになりました。それは宣伝業界が手を伸ばしてこなかった一群の人たちがいるということです。それは子どもたちです。子どもたちにはお金がありませんから、これまでは子どもたちを対象とした宣伝というものはありませんでした。ところが、それは間違いだった、ということがわかったのです。たしかに子どもたちにはお金はありませんが、親にはお金があるのです。そこで、宣伝業界は新しい方法を開発しました。それは「おねだりの心理学」と呼ばれるものです。

「子どもたちを〝代理セールスマン〟にする」
エリック・シュローサー『ファストフードが世界を食いつくす：アメリカ流食事の暗部』二〇〇一年
▼245ページ参照

現代の大学の、応用心理学の部門では、さまざまな種類の「おねだり」を研究するようになってきています。そこで宣伝業者は、親に対してある商品を子どもたちに「おねだり」させたいときにはこの方法、別の商品を「おねだり」させたいときにはまた別の方法と、さまざまな方法を使い分けて、商品を宣伝するようになりました。

親はこのことを十分に知っています。子どもたちとテレビを見ていると、しょっちゅうそういうことが起きるからです。わたしも孫といっしょにテレビを見ていると、孫たちがまだ二歳にならないうちから、宣伝の洪水に溺《おぼ》れそうになっていることがわかります。親たちはこうして、その商品を買う羽目に陥ってしまうのです。それはほんの幼少期のころから始まります。その様子は多くの人が目にすることができるはずです。

いまでは、子どもたちに対する宣伝効果に関する研究は十分に蓄積されています。それによれば、宣伝効果は子どもたちが大人になっても続くといいます。これが民衆を罠《わな》にかけるひとつの方法なのです。

もうひとつ、民衆を罠にかける非常に重要な方法があります。それは人びとに借金をさせるという方法です。ただし、その方法はこのアメリカで発明されたものではありません。それには非常に興味深い歴史があります。それを調べるために一八三〇年代のイギリスに戻ってみましょう。

そのころイギリスは、植民地アメリカにおける奴隷制度を廃止しようとしていました。しかしここにひとつの問題がありました。奴隷が自由になったとき、その後、農場主たちはどうすればいいのか、どうすれば自由になった奴隷を引き続き農場で働かせることができるのか、という問題でした。

アメリカにはたくさんの土地がありますから、放っておけば、かれらは農場から出ていき、やがては小さいながらも自分たちの土地を手に入れて、幸せな生活を送るようになるでしょう。

そこでイギリス人たちはある方法を思いつきました。つまり、かれらを罠《わな》にかけて、解放された奴隷を消費者に仕立て上げればいいわけです。十分なお金をかけて宣伝扇動すれば、自由になった奴隷たちはそれらの商品を買わざるを得ない気持ちになります。そして、買わなくてもいいものをたくさん買い、借金を背負うことになります。

こうしてすぐにかれらは罠にはまり、奴隷経済が復活することになりました。

『解放奴隷の借金労働を倍増せよ：アメリカ南部における囚人的労働の政治経済学』アレックス・リキテンスタイン 一九九六年
▼247ページ参照

選挙の土台を掘り崩す

広告産業が、選挙を操《あやつ》るようになったときも、まったく同じ方法がとられました。かれらは無知な選挙民をつくりだし、選挙民はまったく非合理的・非理性的な選択をするようになりました。かれらが仕組んだのは、表向きの政策宣伝をほとんど無内容なものにすることでした。候補者に関する実質的な情報を何も与えずに、非理性的・非合理的選択をする有権者をつくりだすわけです。この結果、有権者はしばしば、自分たちの利益に反する候補者を選ぶことになってしまいました。

民主主義というものは本来、十分な情報を与えられた市民が、それに基づいて理性的・合理的な選択をする、という前提で成り立っています。しかし宣伝産業が操《あやつ》る選挙運動は、候補者の派手できらびやかな幻想だけを有権者に振りまき、具体的な政策に関する情報を何も与えません。つまり、有権者が関心をもつ本当の問題から有権者を遠ざけるのです。

その理由はきわめてはっきりしています。有権者が関心をもつ問題に対して、候補者の出す政策と有権者の意見との間には、大きくかつ実質的な裂け目があるからです。そこで、有権者たちの関心をそのような問題から引き離し、もっと些《さ》末《まつ》な問題へ向けさせねばならないのです。

このように、民主主義の土台を掘り崩す手法は、市場《しじょう》を掘り崩す手法と同じです。それは、民衆を孤立させ、周辺部に追いやろうとする目的にかなったものです。民衆の関心を、真の重要な問題から遠ざけ、別の方向に誘導するのです。そうしなかったら、自由で活気のある民主主義社会が実現し、民衆は自分たちの利益のために活発に活動するようになってしまうからです。ですから、必要なのは、有権者を単なる観客にしておくことです。有権者として選挙に参加させてはならないのです。

結局のところ、わたしたちが手にするのは、為政者《いせいしゃ》にとって都合のいい程度に機能する民主主義であって、真の民主主義ではありません。これは結局、マディソン大統領の時代に逆行するものであり、すでに紹介した『パウエル覚書』等につながるものでもあります。

こうしてわたしたちは、四年に一度の豪華なお祭り騒ぎがあるたびに、その実例を目にすることになるわけです。

大統領候補者を売り出す

大統領選挙の直後に、オバマ大統領は広告産業からひとつの賞を獲得しました。二〇〇八年の市場広告最優秀賞というものでした。つまり、二〇〇八年の大統領選挙で、もっともよい宣伝活動を展開したというのです。

そのことはこのアメリカでは報道されませんでしたが、国際的な商業紙の経営幹部は幸福感に満ちて次のように言っていました。「われわれはこれまでずっと大統領候補者を売り出してきた。レーガン政権からずっと、大統領選挙という市場で、練り歯磨きを売り出すのと同じように、候補者を売り出してきた。オバマはそのなかでも最高の成果だった」

わたしはふつう、共和党の大統領候補であったサラ・ペイリンの意見に同調することはないのですが、彼女がオバマを「ホープ（希望）とチェンジ（変化）という謳《うた》い文句だけを振りまく男」と呼んで揶揄《やゆ》したときは別でした。そもそもオバマは選挙で具体的なものを何ひとつ約束しませんでした。かれが振りまいたのは、

「オバマ勝利！・アドエイジ誌の〝今年の最優秀賞〟」マシュー・クリーマー『アドバタイジング・エイジ』誌 二〇〇八年一〇月一七日
▼248ページ参照

ほとんどすべてが幻想で、具体的な提案に欠けるものでした。オバマが選挙運動の際に振りまいた言い回しをよく見てみれば、そのことがわかるはずです。かれの選挙演説のなかには、具体的な政策をめぐる論争はほとんど何もありませんでした。

それには十分な理由がありました。政策に関する一般民衆の世論は、二大政党の指導者や金融界の指導者の望んでいるものとは鋭く対立し、大きな溝があったからです。選挙運動が進めば進むほど、オバマの政策は、選挙運動に資金を提供してくれる民間企業の利益に焦点を当てるものになっていきました。そして民衆の要求はますます周辺部に追いやられてしまいました。

このことについて少し詳しく考えてみましょう。広告業界は、毎年、何億ドルものお金を費やして、自分たちの望む候補者、自分たちの好む消費者をつくりだしてきました。こうして、候補者は、民衆の望む要求ではなく、外から押しつけられた要求、無理矢理でっち上げられた要求を実現することにエネルギーを注ぐようになり、一方、有権者、消費者は正しい情報を与えられないまま、非合理的・非理性的な選択をするようになっていったのです。

けれども、広告産業がなぜ、そのような巨大な資金を費やすのかといえば、放っておけば民衆というものは理性的な判断を下《くだ》すものだと、知っているからです。放っておいても非理性的な判断をするのであれば、広告産業はあれこれ思い悩むこともなかったでしょうし、大量のお金を注《つ》ぎ込む必要もないでしょう。

民衆は何もしなければ理性的な判断をするからこそ、かれらを非合理的・非理性的な動物に変える必要があったのです。だからこそ、巨大なエネルギーとお金をそのことに注《つ》ぎ込んでいるのです。

そういう意味では、かれらの判断はきわめて正しいものでした。かれらは無駄なお金を使っているわけではないのです。何度も言うように、そうしなければ民衆は正しい理性的・合理的な判断をしてしまうのです。そして、そうした民衆の合理的判断・理性的選択は、やがて自分たちの意志に従わない政府や押しつけ型の企業や大学の土台を掘り崩すことになるだろうからです。

SOURCES #9-1

「実質的な権力は、常に多数者、すなわち被支配者側にある」

デイビッド・ヒューム『道徳、政治、文学についての論考』一七四一年

人間のことがらを哲学的な目で考える人にとっては、多数者があまりにも簡単に少数者に支配されてしまうことほど驚くべきものはない。それは絶対の服従であり、そうやって人は自分の感情と情熱を支配者のそれに委ねる。

この不思議な現象がどのような手段によってもたらされたのかを問うとき、わたしたちにわかるのは、「実質的な権力」は常に被支配者側にあるので、支配者が頼りにできるのは世論だけだということである。それゆえ、世論に基づいてのみ政府はつくられる。

この一般原理は、もっとも独裁的でもっとも軍事的な政府にまで及ぶ。もっとも自由で、もっとも人気のある政府でも、事情はまったく同じだ。

古代エジプトの支配者やローマ帝国の皇帝は、無抵抗の国民を野獣を扱うのと同じように、かれらの感情や意思に反して動かしたかもしれないが、少なくとも皇帝の傭兵奴隷や近衛軍団については、人間として扱い、かれらの世論で率いていたに違いない。

SOURCES #9-2

「統治者の資質とは、大衆の習慣や意見を意識的かつ合理的に操作できる能力である」

エドワード・バーネイズ『プロパガンダ』一九二八年

大衆の習慣や意見を意識的かつ合理的に操作することが、民主主義社会においては重要な要素である。この目に見えない社会の仕組みを操作できる人びとが、目に見えない政府を構成し、この国を支配する真の権力者となっている。

わたしたちは統治され、考えは鋳型にはめられ、好みは形成され、意見も誘導されているが、それは多くの場合、名前すら聞いたこともない人びとによっておこなわれている。その論理的結果がわたしたちの社会であり、民主主義という体制はこのように組織されている。円滑に機能する社会で莫大な数の人間が共存していこうとするならば、誰もがこのやり方で協働していかねばならない。・・・

この見えざる統治者がわたしたちを統治するのは、指導者としての資質、求められている考えを提供できる能力、そしてかれらの占めている重要な社会的地位によってである。この状況に対して、わたしたちがどのような態度をとろうと、現実は変わらない。

政治であれ、経済であれ、社会運動であれ、道徳であれ、日々の生活は、比較的少数の人間によって支配されているからである。

かれらはアメリカの人口一億二〇〇〇万人（一九二八年当時）の、まったく一握りの集団にすぎない。しかし、かれらは大衆の心理過程や行動形態を熟知している。だからこそかれらは、民衆の心を操作する手綱を握り、古くからの社会勢力を抑えながら新しい方法を考え出し、世の中をまとめ、動かしていくのだ。・・・

われわれの社会は、知性のある少数の人間によって統治される指導的民主主義社会でなければならない。かれらこそが、民衆を組織し指導する方法を知っているからだ。

これは宣伝扇動（プロパガンダ）による統治だろうか。そう言っても間違いではないが、むしろ教育による統治と呼んでほしい。しかし、ここで言う教育は学問的な意味ではない。それでは不十分だ。なぜなら、それは正しい知識をもった専門家によるプロパガンダでなければならないからだ。それには、状況をつくりだし、重要な出来事に注目を集め、重大な問題を際だたせる能力が求められる。

こうすれば、未来の政治家は、自分たちが提起する政策の重要課題に世論を集めることができるようになり、意見の異なる巨大な有権者集団を統括して、かれらに明確な理解を促し、賢明な行動へと導いていくことができる。

SOURCES #9-3

「女性へのタバコ販売戦略：社会的タブーから〝自由のかがり火〟へ」

アマンダ・エイモス&マーガレサ・ハグルンド　二〇〇〇年

タバコ会社が一九二〇年代と一九三〇年代に好機を利用しなかったなら、あのように喫煙が女性の人気になったのかどうかは疑問である。というのは、タバコ会社は、女性をタバコ市場に参入させるために、解放や女権などといった重要な価値観を大いに活用したからである、

とくにタバコ会社には、女性のタバコにまつわる悪いイメージ、たとえば、いかがわしく淫《みだ》らな振る舞いだとか、品行不良だとかという観念を払拭《ふっしょく》するための、新しい社会的イメージと意味を開発する必要があった。喫煙は、尊敬できるだけでなく、社交的でもあり、ファッショナブルであり、スタイリッシュで、女らしいというように、認識の大転換をしなければならなかったのだ。

目標は潜在的市場の拡大・倍増だった。一九二八年にアメリカ・タバコ会社の会長ヒル氏が述べたとおり、「それはまるで、目の前の庭で、新しい金鉱を拓《ひら》くようなもの」だったのである。

SOURCES #9-4

「子どもたちを〝代理セールスマン〟にする」

エリック・シュローサー『ファストフードが世界を食いつくす：アメリカ流食事の暗部』

二〇〇一年

子ども向け広告の急増が見られたのは一九八〇年代だ。共働き夫婦の多くが、わが子に費やす時間の少ないことに罪悪感を覚えて、子どもに費やす金を増やしはじめた。ある販売戦略《マーケティング》の専門家は、一九八〇年代を「子どもが客になった一〇年間」と呼んでいる。長らく子どもたちをないがしろにしてきた広告業界が、かれらを詳しく調査し、追い回しはじめた。大手広告代理店は、いまや子どもを対象とした専門部門を設《もう》けているし、子どもだけに対象をしぼったマーケティング企業もさまざまだ。

これらの企業の名称は耳で聞いても実に魅力的だ。たとえばスモール・トーク社（Small Talk）、キッド・コネクション（Kid Connection）、キッド・ツー・キッド社（Kid2Kid）、ジェペット・グループ*（the Geppetto Group）、ジャスト・キッズ社（Just Kids, Inc）といったぐあいだ。

少なくとも三つの業界出版物が、最新の広告宣伝活動および市場調査を記事に取り上げている。『油断するな、若者市場』誌（Youth Market Alert）、『子どもに売り込む』誌（Selling

＊ジェペット・グループ
ジェペット（Geppetto）は、イタリアの作家カルロ・コローディの代表作『ピノキオの冒険』に登場する老人である。貧しい木彫り職人であり、ピノキオの創造者（したがって「父」）でもある。というわけで、オモチャ会社、木のオモチャ会社の名前としてもよく使われている。

to Kids）、『子ども向け販売戦略レポート』誌（Marketing to Kids Report）の三誌である。

子ども向け広告が増加した背景には、現在だけでなく将来の消費をも拡大しようという意図がある。特定のブランドに対する子ども時代の懐かしい記憶が、生涯を通じた購買につながるのを期待しているのだ。まさに〝ゆりかごから墓場まで〟だ。人間の「ブランド信仰」は、二歳という早い時期から培《つちか》われる、というレイ・クロック（マクドナルド創業者）やウォルト・ディズニーがずっと以前から知っていたことを、ここへ来てようやく信じはじめたのである。

事実、市場調査によれば、まだ自分の名前も認識しないうちから、ブランドのロゴを見分けられる子どもたちがかなりいるのだ。・・・

今日、子どもを対象にした広告の大半が直近の目標を定めている。「単に子どもたちにおねだりをさせることだけではない」と、あるマーケティング担当者が『子どもに売り込む』誌で説明した。「子どもたちに、その製品をねだる明確な理由を与えてやるのだ」

何年も前に、社会学者のバンス・パッカードは、子どもたちを「代理セールスマン」と称した。大人たちを説得して欲しい物を買わせるという仕事をしなければならないのだが、大人といっても、たいていは両親だ。

マーケティング担当者は広告の意図に対する反応を別の言葉で説明している。たとえば、「てこの作用」「せがむ代理人」「おねだりの力」などだ。子ども向け広告のほとんどは、狙《ねら》いが単純明快だ。子どもたちが両親にせがむように、それも上手にせがむように、仕向けるのである。

SOURCES #9-5

『解放奴隷の借金労働を倍増せよ：アメリカ南部における囚人的労働の政治経済学』

アレックス・リキテンスタイン　一九九六年

一九世紀の世界中いたるところにあった大農園社会（プランテーション）のように、奴隷制度が廃止されたところでは、自由になった奴隷を労働者としてどう使うかという難題がもちあがった。地主階級は農業労働を支配する新しいかたちの模索へと向かっていったのである。

奴隷解放後の社会ではどこでもそうだが、「元奴隷が土地をもつ可能性」、「元奴隷による集団的自立」、「元奴隷の日雇い労働への依存」という三者間の釣合いが、この労働支配の緊張を決定した。

アメリカ南部では、農場主が元奴隷を農業の賃金労働者（農民プロレタリアート）へ

＊分益小作制度
とれた農産物を地主に納める小作の方式。アメリカでは南北戦争後の奴隷解放で南部の多くの綿花プランテーションで採用された。小作農は綿花の半分またはそれ以下しか受け取ることができず、しかも綿花の売買額は地主が決めるために、奴隷時代と変わらない貧しい生活が続いた。

と転換させることに成功した。労使関係の全体を、奴隷的小作人から分益小作人に、さらには、大きな借金を抱えた日雇い労働者へと転換させたのである。当然ながら、この労働体制の政治的な結末は、白人優越主義の温存だった。

SOURCES #9-6

「オバマ勝利！　アド・エイジ誌*の〝今年の最優秀賞〟」

マシュー・クリーマー『アドバタイジング・エイジ』誌　二〇〇八年一〇月一七日

大統領選挙の結果がまだ出ないうちに、バラク・オバマは、アメリカのブランドづくり専門家たちに、かれがすでに勝利していることを見せつけた。かれは、有名なブランドづくり専門誌『アドバタイジング・エイジ』の〝二〇〇八年度、市場拡大最優秀賞〟を獲得していたからだ。

オバマの大統領選挙運動が、「草の根アピール」と「大手マスコミ対策予算」をうまく合体させ、有権者の姿勢を転換させたのかどうか――それを証明してみせる数週間前のことだった。

オバマ氏は全米広告主協会の年次総会に集まった人たちから数百票を獲得した。ここ

*アド・エイジ（Ad Age=Advertising Age）販売戦略その他に関する分析やニュースを提供する雑誌。この雑誌は、一九三〇年にシカゴの広報新聞として始まった。現在、その内容は、毎週さまざまな電子メールやニュースレターで配信されている。

には、マーティング担当者、広告代理店の長、マーケティング・サービス会社の重鎮たちが集まっていた。オバマ氏は、この人たちから圧倒的な票を集めたのだ。

「正直、オバマの大統領選挙を見ますとですね、われわれはみなマーケティング・アドバイザーとして、大いに学ぶことができると思いますよ」と、ロデイル・マーケティング・ソリューション社の副社長アンガス・マコーレーは言った。

FIG. 37
FIG. 38
FIG. 39
fig·10
FIG. 40
FIG. 42
FIG. 86
FIG. 41
FIG. 85

原理 10

民衆を孤立させ、周辺化させる

アメリカ政治学の先頭を走るひとり、マーティン・ギレンズは、民衆の態度と公共政策の間の関係について重要ないくつかの研究をしています。それは政府の政策と世論との関係を広範な世論調査に基づいて研究したもので、かなり直截《ちょくせつ》的に本質に切り込んでいます。そのなかのひとつの研究では、同じく政治学者のベンジャミン・ペイジとの共同研究で、約一七〇〇件の政府による政策決定を取り上げ、一般民衆の態度と企業権益とを比較研究しています。

ギレンズの研究は非常に説得力をもったものだと思います。その研究によれば、政府によって決められた政策は、民衆の世論・意見・態度とはほとんどなんの関

「アメリカの政治理論を検証する：エリート、利益集団、一般市民」
マーティン・ギレンズ&ベンジャミン・I・ペイジ　二〇一四年
▼277ページ参照

連もなく、むしろ企業利益と密接に結びついていました。またかれの別の論文によると、人口の約七〇％は、政治になんの影響力ももっていないことがわかっています。そして、収入や富に比例して、公共政策に対する影響力は高まり、富裕層は、自分たちの思いどおりの政策を手にしていることがわかりました。おそらくこれはアメリカだけでなく、他の国でも同じだろうと、かれは言っています。

ギレンズが取り上げた世論調査は十分に詳細なものではなかったので、所得が人口の上位一〇％を超えた層については研究されていません。その点では、かれの研究は十分なものとは言えないでしょう。なぜなら、権力の真の中枢は、所得の上位一〇％ではなく、上位一％に集中しているからです。もしかれがその上位一％にまで研究の手を伸ばしていれば、もっと事態の詳細が明確になったことでしょう。この上位一％こそが、自分たちの思いどおりの政策を手にしているからです。基本的には、かれらこそが政局を動かしているのです。

政府の政策が民衆の利益に合致していないという点は、さほど驚くべきことではありません。すでに繰り返し述べているように、長い間一貫してそうだったからです。政府の政策は、国家権力と社会を支配する一部の特権層の要求を実行す

＊「自然科学への嫌悪・憎しみ」
この典型例は、進化論に対するアメリカ人の態度にみること

るよう決められてきました。つまり、主として大企業の経営者層からの要求です。国民の利益・福祉は、二の次どころか、まったく無視されることもしばしばでした。国民もそのことをよく知っていて、だからこそ政府の諸機関や政治制度に対する強い敵意・反発があるのです。その結果、議会に対する支持率が一桁台になることも珍しくありません。

大統領や大企業に対する嫌悪、さらには銀行に対する憎しみ、これらはアメリカ全土に広がっています。これが自然科学にまでも及んでいます。*「われわれはなぜそんなものを信じなくちゃいけないのかね」というわけです。

怒りの間違った標的

こうした結果、いまアメリカでは、民衆のさまざまな運動や活動が広まってきています。しかし、そのめざす方向は自己破壊的なものです。というのは、その怒りや憎しみが、間違った標的に向けられているからです。互いに攻撃し合ったり、弱者を攻撃の対象にしていることも珍しくありません。かれらの非理性的な態度は、自分たちの利益に反することに動員され、文字どおり、自分たちの利益

ができる。世論調査会社ギャラップの調査（一九九一年）によれば、いまでも四七%のアメリカ人（大学卒でも四分の一）は「神がこの一万年のある時点で人間をほぼ現在の形につくった」と信じている。また二〇〇九年に発表された同調査では、アメリカで「進化論」を信じる人は三九%にとどまっている。これが「科学大国」アメリカの実態である。

その結果、公立学校で進化論を教えることを禁じたりする州も少なくなく、それがしばしば最高裁に至るまでの裁判闘争となった。元大統領ジョージ・W・ブッシュも在職時に（二〇〇五年）、インテリジェント・デザイン論（神による天地創造説の変形）が学校で教えられることはよいことだと発言し、大きな話題を呼んだ。

を破壊する方向に向かってしまっているのです。そればかりか、自分たちの利益を傷つけるような政治家たちを支持することにもなっています。それがいま目の前で展開されていることです。

そのことは、テレビやインターネットを見れば、よくわかります。わたしたちの人間関係を崩壊させるようなことが毎日のように起こっています。そして、それこそが権力者の狙《ねら》いなのです。かれらの狙いは、人びとを、お互いに恐れ合ったり憎み合ったりするよう仕向けることだからです。そうすれば、民衆は自分たちのことだけに関心をもち、他の人たちのことなど考えもしなくなるからです。

たとえばドナルド・トランプという人物を取り上げてみましょう。わたしが何年もの間、書いたり話したりしてきたことがひとつあります。それは、このアメリカでほんとうに正直で魅力的な夢想家が登場した場合の危険についてです。そのような人物が現れれば、社会に溜《た》まりに溜《た》まっていた不安や怒りが沸騰《ふっとう》し、その不安や怒りが、社会を腐敗させている真の人物ではなく、ヒトラーがそうしたように、お門違《かどちが》いの弱者に向けられかねないからです。そのような危険はこれまでずっと存在してきましたし、トランプの登場によって勢いづいてきた勢力のことを考えると、この危険はさらに大きくなったと言うべきでしょう。

ただしトランプ自身が、わたしの言う、私心を忘れた夢想家というイメージに合致しているかどうかはまた別の話です。というのは、わたしやわたしの友人の目から見ると、トランプは十分に考えられた理想をもっているようには、とても思えないからです。

それでも、かれは、あらゆることに怒りを感じている民衆からの巨大な支持を得ました。トランプが、相手の政治家に対して口汚い言葉を繰り返せば繰り返すほど、かれの人気は上がりました。かれは民衆の憎しみや恐怖を土台にしているからです。だから、いまわたしたちが目にしている現象は、「民衆のなかに広く深く溜《た》まっている激怒」なのです。

かれの支持者は、その大部分が白人の労働者階級で、中産階級でもとくに収入の低い人たちです。かれらは、新自由主義が荒れ狂ってきたこの期間、路傍に投げ捨てられた人たちでした。かれらは、経済的な沈滞・衰退の時代を生き抜いてきました。それは、真の民主主義が機能せずに、むしろ低下している時代でした。自分たちが選んだ議員たちですら、かれらの利益や関心を政策に反映することはほとんどありませんでした。かれらは、すべてのものが自分たちから奪い去られてしまった、と感じているのです。

この間、自分たちにとって、経済的成長はなく、あるのはほかの人たちでした。政府・議会・裁判所など、すべての組織、あるいは制度が、かれらに敵対しているように思われました。だから、そのような組織、とくに議会に対して、激しい軽蔑をいだくようになっていたのです。

かれらがいま深く感じているのは、自分たちは祖国を失いつつある、という思いです。抽象化され一般化された「国民」という考えを政府が振りまき、その結果、ほんとうの祖国が自分たちから奪われている、という思いです。自分たちは、弱者と称される人たちの「身代わりの犠牲者」になっているという意識です。しかも、その弱者たちは「大学出のリベラルなエリートたち」によって甘やかされているという思い込みがあり、それは、かれらのなかに根強く広まっています。そのことが非常にしばしば悲惨な結果をもたらすことになっているわけです。

しかし、ここでぜひ頭に入れておいてほしい重要なことがあります。そのような純粋な不安や恐怖は、建設的な政策が真剣にとられれば、解消される、道は拓《ひら》けてくる、ということです。

なぜなら、トランプの支持者の多くは二〇〇八年の選挙ではオバマに投票しました。かれらはオバマの「希望と変化」という殺し文句を信じたからです。しかし、その希望も変化も、見いだすことができず、オバマに幻滅した結果、もうひとりの詐欺師《さぎし》に引きつけられたのです。その男は、オバマとは違ったもうひとつの希望と変化を与えてくれたからです。

その幻想が崩壊したとき、どんなに恐ろしい反動が待ち受けているか、まだわかりませんが、逆に、ほんとうに意味のある政策が提起されれば、その結果は、非常に希望に満ちたものになる可能性もあります。そのような政策は、人びとの希望をかき立て、約束したことを真摯《しんし》に実現し、民衆がほんとうに望んでいる変化をもたらすことが可能だからです。

残念ながら、いまのところ目の前に展開されている光景は、あらゆるものに怒りをぶちまけるだけで、真の敵に焦点が当てられていません。

その著しいひとつの例として、四月一五日という日を考えてみましょう。四月一五日はひとつの物差しとして役立つ日です。その日は納税日だからです。税金がどのように使われているかを見ることによって、どの程度、社会が民主化されているかを見る尺度の日とすることができるのです。

もし社会がほんとうに民主的なものになっていれば、四月一五日は祝日とされるべき日でしょう。その日は、国民が寄り集まって、どんな計画や活動にお金を注ぐべきかを決めることができる日となっているはずだからです。自分たちが議論し、納得し、同意した政策や活動にこそ、税金は使われるべきだからです。これほど素晴らしい活動がほかにあるでしょうか。だからこそ、わたしたちは納税日を祝うべきなのです。

しかし、実際のアメリカはそういうふうにはなっていません。それは嘆き悲しむ日になっています。その日は、自分とはなんの関係もない見知らぬ権力者が上から舞い降りてきて、自分たちが一生懸命に稼いだお金を盗み取る日になっています。だからこそ、わたしたちはかれらにそんなことをさせないように全力を尽くさなければならないのです。

もう一度言いましょう。この納税日、四月一五日は本来、少なくとも民衆の目から見て、民主主義が実際にどの程度、機能しているかを見る物差しになるべき日なのです。しかし、残念ながら、現実に目の前に映る光景は、それほど魅力的ではありません。

わたしがいま述べてきたようなアメリカ社会の流れが逆転されない限り、アメリカが非常に醜い社会になることは避けられないでしょう。アダム・スミスの言う悪《あ》しき格言「すべては自分のため、他人のことはかまうな」。この「新しい時代精神」に則《のっと》っている限り、それに基づく社会は、「自分のこと以外は目もくれない、富裕層だけが富を得る」社会になるからです。そのような社会では、他人に共感を寄せ、他の人と団結し、お互いが援助し合う社会の姿は、民衆の頭から追い払われてしまっているからです。そのような醜い社会に、誰がいったい住みたいと思うでしょうか。少なくともわたしは自分の子どもたちがそのような社会に住むことを望みません。

富裕層によって支配されている社会は、そのような人たちの価値観が反映された社会になります。かれらの価値観は、他人を犠牲にしながら個人的利益を最大化しようとする欲望と貪欲《どんよく》をよしとする価値観です。そのような原理に基盤をおく社会も小さなものであれば存続は可能でしょうが、世界にまたがる大きなものとなると、いずれ大規模な自滅へと向かうことになるでしょう。

人間は「種《しゅ》」として存続できるか

わたしには、わたしたちの未来がかなり不気味な様相を呈してきているように見えます。つまり、わたしたち人間はかなり深刻な問題に直面しているのです。それは、有史以来、無視できないほど大きくなってきています。文字どおり、人間が種《しゅ》として生き延びられるかどうかという問題に直面しているということです。人間という種《しゅ》が少なくともまともなかたちで生き残ることができるのか。これは単に言葉だけではなく、ほんとうに実在する問題です。そのことをもう少し詳しく説明しましょう。

二〇一六年一一月八日は、世界でもっとも強大な国の大統領選挙の投票日でした。次のアメリカがどのような国になるかを記す、まさに記念スタンプを押す日でした。その結果はどうだったでしょうか。大統領も、議会も、最高裁も、すべて共和党が支配する日となりました。その共和党はいまや、世界史上、もっとも危険な組織になってしまっています。

こんなふうに言うと、共和党がすべてを支配することになったことについては議論の余地はないが、共和党が世界史上もっとも危険な組織だなんて、そんなことはない、とんでもない言いがかりだと思われるかもしれません。でも、そうでしょうか？　事実は別のことを示しています。共和党は、ここのところ、全速力で人類を破滅の途へと促してきているからです。それは、かつてないほどの勢いです。

これは誇張でしょうか。しかし、わたしたちがずっとこれまで見てきたことを考えてみてください。共和党で勝利を得つつあった候補者は、石炭を含めた化石燃料の使用を今後、増やすと公約していました。さらには、企業にかけられていたさまざまな規制を緩和し、発展途上国への援助も拒否していました。持続可能なエネルギー政策へと向かいつつあった発展途上国への援助を拒否したのです。こうして、共和党は全体的に言えば、人類を破滅という崖っぷちに全速力で追い込みつつありました。

すでにその直接的な結果が出ています。パリで開かれていた気候変動に関する世界環境会議ＣＯＰ21（二〇一五年一一月三〇日から一二月一三日）は、検証可能な条約に向かって前進していました。しかし残念ながら、結果としては、単なる言葉だけの取り決めで終わらざるを得ませんでした。というのは、共和党が多数を占める議会が政府の手を縛ることになり、いかなる文書化された協定も、受け入れようとしなかったからです。

それに引き続き、モロッコのマラケシュで開かれた次の会議ＣＯＰ22（二〇一六年一一月七日から一八日）は、この空白を埋めねばなりませんでした。その会議は二〇一六年一一月七日に開かれたのですが、その翌日、大統領選挙の投票日に、世界気象機関ＷＭＯは非常に恐ろしい報告を提出しました。環境破壊の現状を報告したものです。そして、その日ちょうど大統領選挙の結果が飛び込んできて、会議はさらに深刻なひとつの問題に直面することになりました。このＣＯＰ22から世界でもっとも強力な国が脱退しかねない状況では、この会議そのものの存続が可能か、という問題です。

その結果、ＣＯＰ22は驚くべき光景で幕を閉じることになりました。なんの異論もなく満場一致で。なんと人類がまともに存続できるかどうかの希望を支える世界の指導者は中国だ、となったのです。「自由世界のリーダー」だったアメリカは、いまや世界を破壊するリーダーであり、世界から完全に孤立する存在になったのです。このような光景は、誰もがどう表現していいかわからないものでした。四年に一回繰り返される巨大で豪華なお祭り騒ぎをあらゆる大手メディアが一〇〇万言を費やして報道するのに対して、このCOP22の結末について大手メディアがほとんどなんの言及もしなかったこともまったく驚くべきことでした。少なくともわたしは、そのようなメディアのあり方を見て、茫然自失《ぼうぜんじしつ》の状態となり、言うべき言葉が見つかりませんでした。

わたしたちはいまや目を見開いたまま世界の破滅へと向かっているのです。わたしたちの孫の世代が、もはや生きていけない世界です。わたしたちは地球の環境破壊という大災害に向かって進んでいるだけでなく、それに向かって加速しながら「突進」しているのです。その先頭に立っているのはアメリカです。そして、それを裏で後押ししているのが財界・大企業で、その大きな理由になっているのは、企業の経済的な理由です。

それは新聞の見出しをちょっと見るだけでよくわかります。ニューヨークタイムズ紙の一面トップにひとつの報告が載りました。その報告は、北極海の氷冠の調査に関する驚くべき報道でした。それによると、北極海の氷の溶け方は、いままでの精密なコンピュータモデルでの予測よりも、はるかに大規模なものだということがわかったそうです。

北極海の氷冠の溶解は、地球環境に非常に深刻な影響を及ぼし、いっそうの温暖化につながります。なぜなら、太陽の光線を反射する白い塊が溶けていくわけですから、ますます大量の太陽熱が大気中に入り込むことになり、それは近い将来、制御不可能な状況をつくりだすのです。

このニューヨークタイムズ紙の記事は、同時に、政府や企業の反応も報道していました。なんと政府や企業は、このような事態を熱狂的に歓迎していたのです。いまや化石燃料を掘り出し、取り出して使うことのできる、巨大な新しい未来がわれわれの目の前に拓けつつある、と。それは事態をいっそう悪くするだけなのですが、かれらにとっては、素晴らしい、大歓迎、というわけです。

氷冠の溶解による海水面の上昇によって、バングラデシュに住む何億もの人びとは、近い将来、住む家から追い出されることになりますし、その影響は他の国の人びとにも及ぶでしょう。すなわち、それは、わたしたちの子や孫にとっては死刑の宣告に等しいものなのですが、かれらにとっては大いに結構、それをいっそう加速しよう、となるわけです。

このことは、わたしたちの子や孫や曾孫《ひまご》の時代への関心の驚くべき欠如を示すものです。あるいは、目の前に起きていることをきちんと見ることのできない、驚くべき無能さを示すもの、と言っていいかもしれません。

ところで、ここに人類の存続にとって、もうひとつ大きな脅威になっているものがあります。それはこの七〇年以上もの間、人類の頭上にぶら下げられて、いまにも落ちそうになっているものです。すなわち、核戦争です。いまその危機はますます増大しつつあります。

バートランド・ラッセルとアルバート・アインシュタインは、一九五五年に、世界の人びとに向かってひとつの熱烈な訴えを発しました。われわれ人類はいまや厳しくかつ避けることのできない選択に直面している、そのことを認識してほしい、という訴えでした。われわれ人類は戦争を放棄するか、さもなければ自滅するかの選択を迫られている、というのです。実際、その後、人類の自己破壊寸前にまで至ったことが何度もありました。

世界の著名な核物理学者たちが発刊している機関誌『原子力科学者会報』(Bulletin of the Atomic Scientists) は、「世界終末時計*」と名付けた時計でそのことを警告し続けてきました。それは原子爆弾が日本に投下されたあとの一九四七年に開始されたもので、真夜中の一二時からどれだけ離れているかを長針で示すものです。真夜中というのは、地球が核戦争で死滅するときを意味しています。

ちょうど二年前、その時計の針が一二時の二分前近くにまで迫ったことがありました。そのとき、核戦争の危機と核戦争による環境の大破壊という脅威が増していたからです。アメリカの政策立案者たちは、この危機をますます増幅しています。わたしたちはそのような危機をつくりだしているだけでなく、加速さえしているのです。それが、わたしたちが直面している未来です。

政府の存在は自動的に自己を正当化するものではない

わたしたちはまだそれほど賢くはないので、完全で公正な社会というものがどのようになるのか、その詳細をきちんと描くことはできません。わたしたちにできるのは、その指標を与えることだけであり、もっと重要なのは、その方向に向かってどのように進むことができるかを尋ねることだけです。

＊終末時計「二分近く前」

「終末時計」の委員会は二〇一五年に「歯止めのない気候変動や世界に大量にある核兵器の更新」を脅威に挙げ、それまでは五分前までだった針を三分前まで進めた。チョムスキーの言う「一二時の二分近く前」は、多分このことを指しているのであろう。

この裏にはオバマ大統領が二〇一一年度の核兵器関係予算として七〇億ドルもの増加を計上したことも考慮されているのであろう。オバマ大統領の大盤振る舞いによって、核開発で有名なロス・アラモス国立研究所は、一九四四年以来最大の、二二％の予算増加を見ることになった。

なお、日本経済新聞(二〇一七年一月二七日)によれば、北朝鮮をめぐるトランプ発言で、ジョン・デューイは二〇世紀前半のもっとも優れた社会哲学者のひとりですが、かれは次のように主張していました。あらゆる制度・機関、それが生産にかかわるものであれ、商業にかかわるものであれ、報道にかかわるものであれ、民衆が参加し、民主的な管理の下におかれない限り、真に民主的な社会にはなりようがない。それをかれは、「あらゆる政策は企業によって社会に投げかけられた影にすぎない」と表現しています。

まさにこれは本質を突いた洞察だと思います。政府というものがつくられ、そこに支配と被支配という上下関係がある限り、誰かが命令を下し、誰かがそれに従うことになります。だから政府が存在するからといって、政府の行動が自動的に正しいということにはならないのです。政府は自分の正しさを自分の行動によって証明しなければならないのです。そういう意味では、かれらは立証責任を自分の身に負っているわけです。

ちょっと詳しく見てみればわかるように、政府は自分たちの正しさを証明することができていません。かれらが自らの正しさを立証できない限り、わたしたちはその政府を倒す権利があるし、そうすべき義務ももっているのです。こうして

針はさらに三〇秒進められて、残り二分半にまで迫った。

「政治は大企業によって社会に投げかけられた影である」
『ジョン・デューイの後期論文集 一九二五〜一九五三年』第六巻（一九三一〜一九三二年）
ジョン・デューイ 一九八五年
▼279ページ参照

正当性のない政府を倒し、自由と正義の領域を拡張するのが、わたしたちの義務なのです。そのような運動を組織し、それに参画し、献身・努力することが、国民のもうひとつの仕事なのです。それは単に政府の悪行《あくぎょう》を規制し、政府の悪行に歯止めをかけるだけでなく、政府の存在意義を問うことにもなります。

これは一八世紀ヨーロッパの啓蒙主義や古典的な民主主義思想から直接、流れ出てくる自由主義の伝統に由来するものです。それはまた、無政府主義の核心をなす原理でもありました。無政府主義というのは民主主義のひとつの表れでもあったからです。

無政府主義は、いかなる点においても、自由民主主義の対極にあるものではなく、むしろその一翼をなすものでした。かれら無政府主義者たちは、同じ問題に別のやり方でとりくもうとしていたにすぎません。かれらは「政策の決定は、その決定に関心をもち、その決定の影響を受ける人たちの手に委ねられるべきだ」と考えていたのです。そして実際、何年もかけて勝ち取った公民権等の進歩はそのようなものでした。ありがたいことに、わたしたちはみなそれを進歩だと認識できました。

変革

わたし自身も人生をそのような活動に費やしてきました。そのことに少なからぬエネルギーをかけてきたとはいえ、そのことがみなさんの目に見えるかたちになっているとは、残念ながら言えません。というのは、わたしはそういうことはあまり得意ではないからです。わたしは、キング牧師やマルコムXのような偉大な組織者の才能を持ち合わせてはいないからです。

しかし、よく考えてみると、世界が大きく変わることになったのは、そのような偉大な組織者がいたからだけではありません。その裏にたくさんの人たちの絶え間ない努力があったからです。かれらは自分たちの職場や共同体など自分たちの居場所で活動し、民衆運動の土台を築き上げてきました。そのことが変革をつくりだすことになっていったのです。それは歴史上なんであれ、変革のあるところ、必ず起きていたことでした。

たとえば言論の自由という問題を考えてみましょう。この言論の自由というのは、アメリカ社会が成し遂げた成果のひとつであり、その点でアメリカが世界で最初だったと言ってもいいと思います。それは権利の章典や合州国憲法のなかで保障されているように見えますが、実はそうではありません。言論の自由という問題がはじめて最高裁に登場したのは、二〇世紀の初期でした。

それにもっとも大きな貢献をしたのは、一九六〇年代の運動で、その先導となったもののひとつが公民権運動をめぐる裁判でした。そのころには大きな大衆運動がありました。人びとは自分たちの権利を主張し、それから手を引くことを拒否しました。だからこそ最高裁は、言論の自由に対して、非常に高い水準の判決を出すようになったのです。

あるいは、もうひとつの例として女性の権利を考えてみましょう。女性たちもまた抑圧的な社会構造のなかで、自分たちをひとりの人間として認識しはじめ、女性に対する抑圧を拒否しました。そしてその問題を他の人たちにも投げかけ、その闘いに加わるよう呼びかけたのです。そのようにして権利というものは勝ち取られてきたのです。

だから、あらゆる問題を解決する一般的な処方箋《しょほうせん》はありません。一つひとつの

「原告ブランデンブルグ　被告オハイオ州」連邦最高裁判決
一九六九年六月九日
▼281ページ参照

「原告エドワーズ　被告サウスカロライナ州」連邦最高裁判決　一九六三年二月二五日
▼282ページ参照

「原告ニューヨークタイムズ社　被告サリバン」連邦最高裁判決
一九六四年三月九日
▼283ページ参照

問題にそれぞれの解決法で迫るしかありません。すべての問題に役立つ安易な一般的解決方法はないのです。少なくとも、わたしにはそのような方法は思いつきません。活動家たちというのは、そういうふうにして、わたしたちがいま享受《きょうじゅ》している権利を独自のやり方でつくりだしてきた人たちなのです。

かれらは自分たちのもつ情報に基づいて運動方針をつくりだし実行してきただけでなく、そのことを他の人たちに理解できるように献身的な活動を展開してきました。ですから六〇年代の運動を思い起こしてみればおわかりのように、それは相互作用の連続なのです。

何か物事を成し遂《と》げようと試みるとき、わたしたちはまず学ぶことから始めます。世界がどのようになっているのかをまず学ぶのです。そしてその学んだことが、運動をどう進めていけばいいのかを理解することにつながっていきます。

こうして、人びとが学んだり、学んだことを他人に伝えたり、その他人からまた新しいことを学ぶという作業は、一種の相互作用であり、それは進んだの世界においても常におこなわれていることです。もしあなたが自然科学の研究室や実験室に出かけていけば、人びとがお互いに情報を交換し議論し合っている姿を目にするはずです。かれらはお互いに自分の考えを提示し、それに対する意見を聞き、互いに切磋琢磨《せっさたくま》し合っているのです。

あなたがたったひとりで孤立しながら研究し、ひとりの天才として何かを発明したり発見したりすることも可能かもしれませんが、そういうことは滅多にありません。ふつうの人には研究のための資源もありませんし、支援もありませんし、励ましもありません。だから、自分がどんな才能をもっているかを見いだすことも難しい。まして世界で何が起きているのか、どこにこそ目を向けるべきかなどを見いだすことは、なかなかできないことです。だからこそ、ちゃんと機能し意味のある組織をもっている社会が必要であり、そこでこそ、あなたは何に目を付けるべきか、どこを見るべきかを学ぶことができるのです。

そのような重要な組織のひとつが労働組合です。正しく機能している労働組合には強力な教育力が備わっています。それは労働者の権利のために闘うだけではなく、労働者を教育するという大きな仕事も担《にな》っているからです。それが労働組合の大きな特徴のひとつです。

そこでは、お互いを励まし合ったり、情報を交換したり、意見を批判してもらったりしながら、それをもっとよいものに磨き上げることもできます。そうやって、エリート特権階級のための大学や研究所、あるいはシンクタンクがもつ欠点を克服することができるのです。その欠点とは、それらの組織が、「人びとの目を塞《ふさ》ぎ、知られたら困るようなことから国民の目を背《そむ》ける」ことを使命としている、という点です。

他のことと同じように、わたしたちには権力に対する絶え間ない闘いが求められているのです。それをもうひとつ別の例で考えてみましょう。

少し前に、有名な「アラブの春」というものがエジプトでも起きました。カイロのタハリール広場でおこなわれた集会やデモに対する政府からの弾圧はきわめて厳しいものがありました。そこでは、ソーシャルメディアを使ったさまざまな組織が生まれ、運動が起こったのです。ムバラク大統領（当時）はインターネットを閉鎖する決断を下し、ソーシャルメディアを使った運動を阻止しようとしました。

その結果はどうだったでしょうか。活動はむしろ増大し拡大しました。人びとは、ほんとうに大事なこと、活動の原点に戻ったからです。それは、ソーシャルメディアを使って交流するのではなく、直接、面と向かって人びとと交流することでした。こうして人びとは顔を向き合わせながら意見を交わしはじめました。

このように、人と人とが直接に交流することこそ、もっとも大きな効果をもたらします。つまり、人びとが集まるところに直接、出かけ、人びとに話しかけ、意見に耳を傾ける活動です。これには、多くの証拠や実例があります。たしかにソーシャルメディアというものは役に立ちますし、多くの組織や活動家はそれを使っています。しかし、それはほんとうの意味で人びとのなかに入り、みんなと胸を開いて議論することにはなりません。わたしたちは人間でありロボットではないからです。そのことは決して忘れてはならないことだと、わたしは思います。

わたしはよく「わたしたちに何ができますか」という質問を受けます。わたしたちが何をしようか選ぼうとするときに、いつも出てくる質問です。もっとも重要なことは、アメリカの社会は、他の国と比較してみれば、まだまだ、きわめて自由な社会だということです。それは非常に重要な事実です。しかし、それは決して天からの贈り物ではありません。このわたしたちがもっている自由は、勇気ある人びとの苦痛の伴う闘いの結果、勝ち取られてきたものです。だからこそ、わたしたちはこれらの権利を享受《きょうじゅ》しているわけです。わたしたちはそのような素晴らしい伝統をもっているのです。その伝統は、先人たちによる、長年にわたる苦しくて厳しい闘いの成果として、わたしたちに与えられているのです。

わたしたちアメリカにはさまざまな大きなチャンスがあります。アメリカは最近は悪くなっているとはいえ、いまでも、いろいろな点で世界でもっとも自由な社会のひとつなのです。政府は人びとを強制する力をかなり制約されています。財界・金融街もなんとかして民衆に強制力を働かせようとしていますが、そのような強制装置が十分に機能しているわけではありません。ですから、人びとが団結し、自分たちの権利を求めて闘うならば、わたしたちには、まだまだ成すことのできる多くのことが残されているのです。わたしたちは過去にもそのようにして権利を勝ち取ってきましたし、それは今後もできるはずです。

たしかに、わたしたちアメリカの社会には、非常に深刻な欠陥や欠点がありま す。それは、わたしたちの文化や、わたしたちがもつ、いろいろな制度の水準についても言えます。それはきわめて明瞭なことです。これまでふつうに受け入れられていた枠組みの外で活動することによって、それらを矯正し正していかなければならないでしょう。そのためには政治活動の新しい方法を開拓しなければならないだろうと、わたしは思うのです。

いま、主として若者の間で、ひとつの変化が起きています。変化というものがいつもそうであるように、まず若者の間で始まっています。しかし、それがどちらの方向に向かうのか――まさにあなたがたの肩にかかっています。あなたがたが指し示す方向に向かって運動は進んでいきます。

わたしが長い間、親しくつきあってきた友人に、ハワード・ジンという人がいます。かれは運動の進むべきあり方について次のように語っています。

「重要なのは、ひとりの偉大な指導者ではなく、名も無い人たちの無数の小さな活動の積み重ねである。そのような人たちが歴史に残るような大きな出来事の土台を築いてきたのだ」

そのような名も無き人たちこそが過去に何事かを成し遂げた人たちであり、将来においても何事かをなす人たちなのです。

『走る列車に乗っていて中立でいることはできない：体験的アメリカ現代史』
ハワード・ジン　一九九四年
▼285ページ参照

SOURCES #10-1

「アメリカの政治理論を検証する：エリート、利益集団、一般市民」

マーティン・ギレンズ&ベンジャミン・I・ページ　二〇一四年

個々の有権者が政策に与える影響については、これまでにも大量の実証的研究がおこなわれてきたが、最近まで、ひとつの統計モデルを使ってこれらの有権者の行動を比較対照し、理論的予測を検証することは不可能だった。本稿では、基本的変数の測定を含む独自データを用いて、一七七九件の政策問題を検証してみた結果を報告する。

多変量解析によれば、経済エリートや企業利益を代表する組織は、アメリカ政府の政策に対してかなり独自の影響力をもっているが、その一方で、一般人や民衆を基盤とする利益集団は、独自の影響力をほとんどもっていないか、皆無である。この結果は、「経済エリートの支配」の理論や「エリートに偏った多元主義」の理論の正しさを実質的に証明するものであって、「多数決による選挙民主主義」や「多数決による多元主義」の理論が正しくないことを明らかにした。・・・

最終結論：多変量解析でなく、二変数を使った、もっとわかりやすい分析をしてみても、われわれの検証結果は、「一般民衆が政府に『行動』を望んでいても、政府の反応は極めて限定的だ」ということを示している。つまりアメリカの政治は、実質的には権力者が体制を維持するという方向に大きく傾斜しているのである。

これは民主主義に対する二つの障害物による。ひとつは多数決原理という、意図的にアメリカの政治体制に組み込まれた障害物である。たとえば連邦主義・三権分立・二院制など。もうひとつは、「反多数決的な、議会の規則と手続き」に起因する、さらなる障害物である。

こうして、政府による政策転換に反対して、民衆が現状維持を好むときでも、政府は自分の思いどおりの政策を貫き、民衆が圧倒的多数をもって変化を望んでいても、政府はそれを阻止し、民衆は自分の思いを実現できない。

われわれが一七七九件の政策課題を調べた限りでは、政策転換を要求する民衆が五〇％強の場合、かれらが得た政策転換は三〇％にすぎなかった。もっと驚くべきことは、圧倒的大多数が政府に政策転換を望んでいた場合でも、たとえば八〇％の民衆が政策の変化に賛成していたときでも、得られた政策転換はわずか四三％にすぎなかった。

いずれにせよ、ふつうの民主主義擁護者ならば、「偶然民主主義」には賛成する気にならないだろう。なぜなら、エリート集団や特権的利益集団と偶然にも意見の一致をみたときしか、民衆は政府から自分の望むものを手に入れることができないからだ。民衆による下からの大きな突き上げがあったときにだけ、政府に対する実際の影響力が問題になるにすぎない。つまりエリートや特権的利益集団こそ、ほんとうの支配者なのだ。

SOURCES #10-2

「政治は大企業によって社会に投げかけられた影である」

『ジョン・デューイの後期論文集　一九二五～一九五三年』第六巻*（一九三一～一九三二年）ジョン・デューイ　一九八五年

わたしが折にふれて書いたものを、かなり長いが、あえて以下に引用する。ワシントンの現状があまりにも異常だからだ。ワシントンの状況はアメリカ全土の政治をまざまざと反映している。

ワシントンの状況は、アメリカ人の生活現実とあまりにもかけ離れていて、民衆と完全に切断されている。それは、古い政党に人びとが不満を抱き嫌気がさしていることを表している。ということは、新しい政党を誕生させるのに好機でもあるということだ。

われわれが長らく言われ続けてきたのは、「政治は重要じゃない。政府なんて単なる重荷で邪魔なだけだ。産業界・金融街のボスたちが賢人で指導者なんだ。だからかれら

＊ジョン・デューイ『後期論文集』第六巻
この論文集は一九二五年から五三年までの論文を集めた一七巻からなり、第六巻は、そのうち三一年から三二年までの論文を集めたものである。

の手に国の運命を任せておけば大丈夫だ」ということだった。

そのような物言いを続けている人びとは、次のようなことを忘れているか、目を逸《そ》らしているのだ。すなわち、ワシントンにおける政治の混乱・凡庸さ・見当違いの対応は、産業界の「指導力」の破綻《はたん》の反映だ、という事実だ。

議会の無力と行き詰まりは、あきらかに産業界・金融街のボスたちの無能を表す鏡である。かれらは、繁栄の機会とすべき国事を、私利私欲を謀《はか》る道具としてしか見ていない。勝手気ままな行為でわれわれを現在の危機に陥れた人びとに、民衆が助けを求めるというのは、悲劇でなければ、滑稽だ。かれらが自分たちの犯した政治活動の責任から逃れている現状を考えれば、かれらが危機からわれわれを救ってくれるなどと信じることは、正気の沙汰ではない。

それは、狂犬病を治すために、自分に噛みついた犬の毛を食べるという呪術《じゅじゅつ》を信じるのと、なんら変わるところがない。特権と権力をもつ人びとがつくりだした破壊を、その破壊の張本人が治療してくれるだろう——そういう馬鹿げた信心に取り憑かれるのと同じだ。

政治というものが、大企業によって社会に投げかけられた影である限り、その影が弱まったところで本質に変化はないだろう。唯一の治療は、民衆の利益と社会の現実に基づく政治行為である。

SOURCES #10-3

「原告ブランデンブルグ　被告オハイオ州*」

連邦最高裁判決　一九六九年六月九日

上訴人クー・クラックス・クランＫＫＫの指導者は、「オハイオ州犯罪的サンジカリズム法」のもと、次のような理由で、すでに有罪宣告を受けていた。

「産業および政治変革を成し遂げる手段として、犯罪行為・妨害工作・暴力行為・不法なテロ行為をおこなうことが義務または必要である、あるいは正当性があると主張した」「犯罪的サンジカリズム*を教えたり唱導するために結成された結社・団体・集会をみずから進んで招集した」

しかし、上記裁判では、起訴状および予審判事の説示のいずれも、「オハイオ州犯罪的サンジカリズム法」の定義を、単にサンジカリズムを唱道したことだけに絞り、差し迫った無法行為の扇動との区別をしていない。

判決：オハイオ州の同法は、その用語と適用において、単に唱導したことを罰するほか、単に唱導・主張のために人びとが集まる集会を刑罰を用いて禁じている。このよう

＊原告ブランデンブルグ　被告オハイオ州
原告のＫＫＫ指導者ブランデンブルグがＫＫＫの集会を開催するために暴力的扇動的発言をしたとして、被告のオハイオ州から罰金と禁固を受けたことに対して起こした裁判。

＊サンジカリズム（syndicalism）
資本家や国家主導の経済運営ではなく労働組合の連合による経済運営を主張する運動または思想。オハイオ州は、このような思想を危険視し、その活動を取り締まる法律を制定していた。

な州法は憲法第一条および憲法修正第一四条を侵害するものである。言論と報道の自由は、たとえ暴力の使用や法の侵害が会場で叫ばれたり唱導されたとしても、それが実行に移されるのでなければ、それを禁止することまで許してはいない。禁止しているのは、そのような主張が差し迫った無法行為を扇動し発生させることを直接に指示したり、そのような行為を誘発させ発生させる可能性が強い場合だけである。したがって、「原告ホイットニー　被告カリフォルニア州」の最高裁判決*も本法廷で同時に却下される。

SOURCES #10-4
「原告エドワーズ　被告サウスカロライナ州*」
連邦最高裁判決　一九六三年二月二五日

わが政体における「言論の自由」の役割は、論争を招くことである。その高潔なる意図にもっとも適《かな》いうるのは、言論の自由が不安な状態を引き起こしたり、現状に不満を抱かせたり、それどころか、人びとを怒らせたりするときである。しばしば言論は、挑発的で挑戦的である。したがって、言論は、偏見や先入観をぶちこわし、心に深刻な不安定をもたらすかもしれない。言論は、相手に自分の考えを受け入れろと迫るものだからである。

*「原告ホイットニー　被告カリフォルニア州」の最高裁判決　サンフランシスコの名門家庭に生まれたシャーロット・アニータ・ホイットニーは、女権論者であり平和活動家だったが、アメリカが第一次世界大戦に参戦することに反対し、一九一九年、アメリカ共産党の創立を呼びかける演説をおこなった。その結果、「サンジカリズム」を禁止するカリフォルニア州の法律に違反したとして、一九二七年に最高裁で有罪判決を受けていた。しかし『原告ブランデンブルグ　被告オハイオ州』の最高裁判決（一九六九）を受けて、この判決は却下され、彼女は晴れて無罪となった。

だからこそ言論の自由は・・・検閲や処罰から保護されているのである。ただし、市民の不便・不安・苛立《いらだ》ちをはるかに上回る重大な問題、たとえば目前に迫っている実質的危険を生み出す可能性がある場合は、この限りではない。・・・現憲法のもとでは、それ以上の限定を許す余地はない。というのは、それ以上の限定を許せば、立法府、裁判所、あるいは支配的な政治集団や地域集団などによって、言論の自由にさらなる制限が加えられ、意見・見解の画一化という結果をもたらすからである。

*原告エドワーズ　被告サウスカロライナ州
原告エドワーズを代表者とする黒人の若者たちが州政府の決定に異議を申し立てた裁判。黒人の大学生・高校生一八七人が、公民権に関する苦情を訴えて平和的に集まり、州に請願書を提出した。これに対して被告のサウスカロライナ州は、平和を乱す行為でありコモンロー違反だとした。

SOURCES #10-5
「原告ニューヨークタイムズ社　被告サリバン」*
連邦最高裁判決　一九六四年三月九日

被告アラバマ州モンゴメリー選出の公安委員長は、州の裁判所に控訴した。被告人サリバンは、公民権運動で逮捕されている人物（マーティン・ルーサー・キング牧師）を救うための新聞広告によって中傷されたというものだった。広告の声明文には、四人の呼びかけ人だけでなく他の大勢の氏名が載せられていた。広告には、警察の措置についての声明が載せられていた。それによると、「被告は、公民権運動に参加していた学生や公民権運動の指導者を攻撃しろと命じた」とされていた。

*原告ニューヨークタイムズ社　被告サリバン
アラバマ州モントゴメリー市の警察に逮捕された公民権運動の指導者キング牧師を救おうとして、聖職者たちがニューヨークタイムズ紙に大きな新聞広告を載せた。

それに対して被告は、その主張は、自分が警察の指揮・監督をする立場にあったことだけを根拠にしている、自分は攻撃しろと命じてはいない、と反論した。

州裁判所の判事は、陪審に以下のように説示した。

「被告への実質的損害を示す証拠はないにしても、そのような声明は、法的には権利侵害が含意され、〝本質的な名誉毀損〟である。また補償的損害賠償*という点では、声明文は被告に対する悪意が前提になっているので、その声明がかれら原告によって出版され被告に関連していることが判明した場合には、被告に対して損害賠償を請求できる」

懲罰的損害賠償*に関しては、判事は、以下のように説示した。「単なる過失は、実際の悪意の証拠ではなく、懲罰的損害賠償の裁定を正当化するものではない」。

ただし、裁判官は以下のように、説示することは避けた。

「害を与えたり無謀な行為をしようとする実際の意図があったかどうかについては、懲罰的損害賠償を命じるより前に発見されねばならない」「被告に対する判決は、補償的損害賠償と懲罰的損害賠償とを区別しなければならない」

陪審は被告サリバンに有利な判決を下し、州最高裁判所はそれを確認した。

判決：国家は、公務にたずさわる職員の公的行為に関して、名誉を毀損されたという理由だけでは、その職員への損害賠償を命じることはできない。その名誉毀損が「悪意

モントゴメリー市公安委員長サリバンは、名誉棄損だとして、この広告の掲載を許したニューヨークタイムズ社を訴えた。それに対して敗訴したニューヨークタイムズ社が最高裁に上訴したのが本裁判である。

＊補償的損害賠償
被害者が被った身体的・財産的損失を補償するための賠償。

＊懲罰的損害賠償
加害者の行為が強い非難に値すると認められる場合、将来の同様の行為を抑止する目的で、「補償的損害賠償」に上乗せして支払うことを命じられる賠償のことをいう。

に基づくものだ」ということを被告が証明しない限り、憲法第一条および憲法修正第一四条の下では、損害賠償を命じることは不可能である。

SOURCES #10-6

『走る列車に乗っていて中立でいることはできない：体験的アメリカ現代史』

ハワード・ジン　一九九四年

社会運動の歴史は、たいてい、大事件とか歴史的瞬間だけに絞られている。その典型的な例として、公民権運動の歴史では、ブラウン事件の最高裁判決とか、モントゴメリーのバスボイコット運動、シット・イン（座り込み）運動、フリーダム・ライド運動、*バーミンガムでのデモ行進、ワシントン大行進、一九六四年の公民権法、セルマからモンゴメリーへの行進、一九六五年の投票権法などが、ふつうは取りあげられる。

このような歴史に欠けているのは、これらの素晴らしい瞬間へと導く原動力になった無名の人びとの数え切れないほどの小さい行動である。このことを理解してはじめて、わたしたちのおこなう小さな抗議運動が、それがどんなに小さいものであろうとも、社会変革の目に見えない土台・源流になっていることに気がつくのである。

*フリーダム・ライド運動
「自由のための乗車運動」。連邦最高裁判所は一九六〇年末に南部の人種隔離法は憲法違反であるとする判決を出した。しかし南部はこれに従わず、連邦政府も強制措置はとらなかった。そこで黒人と白人の若者たちが南部行きの長距離バスにいっしょに乗り込み、人種による座席の隔離を公然と破ってみせた。かれらは白人至上主義者から暴行されたり、地元警察に逮捕されたりした。こうして全米から集まった四〇〇人以上のライダーたちでミシシッピの刑務所がいっぱいになったという。

REQUIEM FOR THE AMERICAN DREAM:
The 10 Principles of Concentration of Wealth & Power
by Noam Chomsky

This edition was licensed by Seven Stories Press, Inc., New York, U.S.A., the originating publisher through Japan UNI Agency, Inc., Tokyo

訳者あとがき

本書は、ノーム・チョムスキーの新著 Requiem for the American Dream: The 10 Principles of Concentration of Wealth & Power (Seven Stories Press, 2017) を翻訳したものです。

チョムスキーと言えば、言語学に革命を起こした「変形生成文法」の創始者として、英語学の世界では誰ひとりとして知らないひとはいないほど有名な人物ですが、かれの政治関係の本を読んだことが多くないことから「チョムスキーというひとは二人いるのですか」という質問を受けることがよくあります。

実を言うと私は、大学時代は教養学部教養学科「科学史科学哲学」で物理学史を専攻したため、学生時代はチョムスキーの政治関係本どころか「変形生成文法」すら読んだことがなく、食うために故郷の高校英語教師になって初めてチョムスキーと変形生成文法を知ったのでした。ですから、岐阜大学教養部に英語教師として採用され、その後、文科省の方針で教養部が廃止されたため教育学部に配置転換となり、「国際理解」も担当せざるを得なくなるまでは、チョムスキーの国際関係論、アメリカ外交政策批判も、もちろん読んだことがなかったのです。

カナダ＝ウィンザー大学での国際シンポジウムにて、チョムスキーと。

教養部にいたころは毎年夏休みや春休みにアメリカの英語教育学会TESOLに出かけ、そのついでにレンタカーを借りてアメリカ国内を一か月近く走り回り・歩き回る生活を一〇年以上も続けてきました。そしてアメリカを知れば知るほど、「理想の国」の暗部が見えてきてはいたのですが、教育学部に異動して本格的にアメリカの政治を研究し始めたときに大いに役立ったのがチョムスキーの論文でした。

それ以来ずっとチョムスキーに関心を寄せ、興味深い論文がZネット（チョムスキーの教え子が主宰するサイト）に載るたびに翻訳して自分のホームページに載せてきました。それが幸いなことに明石書店から『チョムスキー二一世紀のアメリカを語る』というかたちで出版されました。当時はチョムスキーの文献で翻訳されているものと言えば、そのほとんどが英語学・言語学のものでしたから、それが幸いしたのでしょう。

これが縁でその後、『チョムスキーの教育論』やハワード・ジン『肉声でつづる民衆のアメリカ史』などの訳書を世に出してきましたが、今回はからずも本書を翻訳・出版する機会を得たことは、本当に嬉しいことでした。というのは、本書最終章の末尾がジンのことば「歴史は名もなき民衆の地道な活動・闘いが革命的変革の土台になっている」ということばで締めくくられていたからです。


本音を言うと、社長の干場さんからメールで翻訳依頼が届いたとき、私は自分が監修する『寺島メソッド英語アクティブラーニング』を出版したばかりで疲れ切っていたので、少し休みたいという気持ちも強かったのですが、いただいたメールには、次のように書かれていて、それが私を大きく突き動かしました。

「…実は、このほど、チョムスキーの語り下ろし、Requiem for the American Dream の版権を買いまして、その原稿を入手したところです。内容的に、少しでも早く出版したいと希望しておりますが、チョムスキーと言えば、やはり寺島先生をおいてほかにはないと、恐縮しつつも、お願いする次第でございます」

〝豚も褒められれば木に登る〟ということばがありますが、私も人並みの人間ですから、干場さんのことばにほだされて、ついに木に登ったというわけです。

私を大きく突き動かしたもうひとつ要因がありました。それは、干場さんのメールの末尾に付け足されていた次のような資料でした。

「五〇年前からアメリカ社会の富の偏重に警告を発していたチョムスキーが、その予想通り極端な格差社会と成り果てた現在のアメリカを前に、なぜそのようになったのか、背後にある政治的な変化とは何か、率直かつ詳細に自身の分析を語っています。

〃『現代を代表する知性』と新世代の思想家の出会い〃というコンセプトで作られているため、大変とっつきやすく、また本書を読むことで、これまでのチョムスキーの思想を振り返ることができます。

アメリカンドリームを否定された貧困層の怒りが今回の大統領選挙の混乱にも繋がっているわけで、大きな話題になるかと思われます。チョムスキーはこの長さのドキュメンタリー形式のインタビューに応じるのはこれが最後だと語っています」

私が千場さんから、「下記は、原稿ができあがる前の企画の段階で、エージェントより来ました資料です。ご検討のほど、なにとぞ宜しくお願い申し上げます」と末尾に書かれたメールをいただいたのは、二月一五日でした。ところが原書の出版予定日を調べてみたら、なんと「二〇一七年三月二八日」になっていました。

しかし本書の土台となったチョムスキーへのインタビューについては、四年かがりのインタビューを七三分に凝縮させた映画が二〇一五年に封切られていて、数々の国際ドキュメンタリー映画祭で公式招待されています。しかも、この映画が封切られた二〇一五年の時点で、チョムスキーはすでに八六歳の高齢を迎えていました。

ですから、先の資料で「チョムスキーはこの長さのドキュメンタリー形式のインタビューに応じるのはこれが最後だと語っています」とあったのも、現在八八歳であることを考えれば当然のことかもしれません(しかし、この年齢で、明晰かつ淡々と語り尽くしていくチョムスキーの姿には、何か感動すら憶えます)。

それはともかく、こういうわけで、映画を原書と比べてみたのですが、映画の素晴らしい雰囲気が書籍化されたとき死なないよう、映画封切後も一年以上かけて編集された成果を、原書の随所に見ることができました。翻訳された本書でも、千場さんのおかげで、その原書の雰囲気がみごとに再現されていることは本当に嬉しいことでした。

日本の読者が理解し難いと思われる点については、訳注（＊印）を下段に付け加えましたが、これがその雰囲気を壊していないことを願うのみです。

アメリカが現在いかに悲惨な状況にあるかは、本書を読むだけでも充分に分かっていただけると思いますが、日本の知識人のなかでは「日本はだめだけれどアメリカは素晴らしい」という言説が相変わらずはびこっています。その例の一つが『絶望の裁判所』（講談社新書）でしょう。しかしアメリカの司法制度がいかに腐敗堕落しているかは、本書でマルコムXが演説しているとおりです。イラクにおける戦争犯罪を告発したチェルシー・マニングが辿った悲惨で過酷な軌跡も、その例証になるでしょう。

アメリカの教育制度についても同じです。安倍政権は日本の若者を大量にアメリカへと送り込む留学計画を大々的に打ち出しましたが、アメリカの教育制度がいかに壊滅状態であるかについては、本書でチョムスキーも言及しています。これでは例証として不十分だと思われる方は、拙著『英語で大学が亡びるとき』を参照していただければ幸いです。そこにはアメリカの大学の実像、たとえば授業料を払うために娼婦を兼業している女子大生のことも述べておきました。

先述のとおり、私は一〇年以上もアメリカに通い続けているうちに（そのうちの一年はカリフォルニア州立大学で教えたこともあります）、アメリカの暗部をますます深く知るようになりました。そして、「現在のアメリカは一〇年後の日本だ」と学生に言い続けてきましたが、今の日本を見ていると「今日のアメリカは明日の日本だ」と思うようになりました。

本書が明日の日本に対する警告の書になることを願ってやみません。

二〇一七年九月一一日

共訳者の美紀子に感謝しつつ　寺島隆吉

- p. 69–71: “Attention Disorder or Not, Pills to Help in School,” *New York Times*, Alan Schwarz, October 9, 2012. Japanese translation by permission of the New York Times
- p. 94–95: “An End to the Focus on Short Term Urged,” *Wall Street Journal*, Justin Lahart, September 9, 2009. World rights, print and electronic. Copyright © 2009, Dow Jones & Company.
- p. 176-177: *The Logic of International Restructuring*, Winfried Ruigrok and Rob van Tulder, 1995, Routledge, p.217. Copyright © 1995 Winfried Ruigrok and Rob van Tulder. Japanese translation by permission of Routledge UK.
- p. 245–247: *Fast Food Nation: The Dark Side of the All-American Meal*, Eric Schlosser, 2001. Excerpt from FAST FOOD NATION by Eric Schlosser. Copyright © 2001 by Eric Schlosser. Japanese translation by permission of William Morris Endeavor Entertainment. All rights reserved.
- p. 277–279: “Testing Theories of American Politics: Elites, Interest Groups, and Average Citizens,” Martin Gilens and Benjamin I. Page, 2014. World rights, print and electronic.
  Copyright © American Political Science Association 2014.
- p. 279–280: *The Later Works: 1925–1953, Volume 6: 1931–1932*, John Dewey, 1985. Japanese translation by permission of Southern Illinois University Press.

原理9　合意を捏造する

・Hume, David. *Essays, Moral, Political, Literary*. London: Kincaid, 1742. http://www.econlib.org/library/LFBooks/Hume/hmMPL4.html.
・Bernays, Edward. *Propaganda*. New York: H. Liveright, 1928.
エドワード・バーネイズ『プロパガンダ〔新版〕』(中田安彦=訳、成甲書房、2010)
・Amos, Amanda, and Margaretha Haglund. "From Social Taboo to 'Torch of Freedom': The Marketing of Cigarettes to Women." *Tobacco Control 9 no. 1 (2000): 3-8*.
・Schlosser, Eric. *Fast Food Nation: The Dark Side of the All-American Meal*. New York: Houghton Mifflin, 2001. Copyright © 2001 by Eric Schlosser. Reprinted by permission of Houghton Mifflin Harcourt Publishing Company. All rights reserved.
エリック・シュローサー『ファストフードが世界を食いつくす』(楡井浩一=訳、草思社、2001)
・Lichtenstein, Alex. *Twice the Work of Free Labor: The Political Economy of Convict Labor in the New South*. New York: Verso, 1996. Copyright © Alex Lichtenstein 1996. Reprinted by permission.
・Creamer, Matthew. "Obama Wins! . . . Ad Age's Marketer of the Year."*Advertising Age*, October 17, 2008. http://adage.com/article/moy-2008/obama-wins-ad-age-s-marketer-year/131810/.

原理10　民衆を孤立させ、周辺化させる

・Gilens, Martin, and Benjamin I. Page. "Testing Theories of American Politics: Elites, Interest Groups, and Average Citizens." *Perspectives on Politics* 12, no. 3 (2014): 564-581. Copyright © American Political Science Association 2014. Reprinted by permission.
・Dewey, John. *The Later Works of John Dewey, 1925-1953, Volume 6: 1931-1932*. Carbondale, IL: Southern Illinois University Press, 1985. Copyright © 1985, 2008 by the Board of Trustees, Southern Illinois University. Reprinted courtesy of Southern Illinois University Press.
・Brandenburg v. Ohio, 395 U.S. 444 (1969).
・Edwards v. South Carolina, 372 U.S. 229 (1963).
・New York Times Co. v. Sullivan, 376 U.S. 254 (1964).
・Zinn, Howard. *You Can't Be Neutral on a Moving Train: A Personal History of Our Times*. Boston: Beacon Press, 1994. Copyright © 1994, 2002 by Howard Zinn. Reprinted with permission from Beacon Press, Boston, Massachusetts.
ハワード・ジン『アメリカ同時代史』(田中和恵・斎藤南子=訳、明石書店、1997)

Commons, 2012), 18, 29.
・Drutman, Lee. "How Corporate Lobbyists Conquered American Democracy." *New America Weekly*, New America, April 20, 2015. http://www.newamerica.org/political-reform/articles/how-corporate-lobbyists-conquered-american-democracy/. Reprinted courtesy of New America Weekly, New America.
・Ruigrok, Winfried, and Rob van Tulder. *The Logic of International Restructuring: The Management of Dependencies in Rival Industrial Complexes*. Abingdon, UK: Routledge, 1995. Copyright ©1995 Winfried Ruigrok and Rob van Tulder. Reprinted by permission.
・Smith, Adam. *An Inquiry into the Nature and Causes of the Wealth of Nations*. London: W. Strahan and T. Cadell, 1776.
アダム・スミス『国富論』第二巻（水田洋=監訳、岩波文庫、2000）
・Irelan, John Robert. *The Republic, or, A History of the United States of America in the Administrations: From the Monarchic Colonial Days to the Present Times, Volume 10*. Chicago: Fairbanks and Palmer Publishing Company, 1888.

原理7　大統領選挙を操作する

・Citizens United v. Federal Election Commission, 558 U.S. 310 (2010).
・Buckley v. Valeo, 424 U.S. 1 (1976).
・Ferguson, Thomas, Paul Jorgensen, and Jie Chen. "Revealed: Why the Pundits Are Wrong About Big Money and the 2012 Elections." AlterNet, December 20, 2012. http://www.alternet.org/news-amp-politics/revealed-why-pundits-are-wrong-about-big-money-and-2012-elections. Reprinted by permission of AlterNet.

原理8　民衆を家畜化して整列させる

・"Ford Men Beat and Rout Lewis Union Organizers; 80,000 Out in Steel Strike; 16 Hurt in Battle." *New York Times*, May 27, 1937. http://query.nytimes.com/mem/archive-free/pdf?res=9A02E2DF1E3AE23ABC4F51DFB366838C629EDE.
・Truman, Harry S. "Address in Louisville, Kentucky, September 30, 1948." In *Public Papers of the Presidents of the United States: Harry S. Truman, 1948*. Citation online by Gerhard Peters and John T. Woolley, American Presidency Project. http://www.presidency.ucsb.edu/ws/?pid=13029.
・"Douglas Fraser's Resignation Letter from the Labor-Management Group." History is a Weapon. Accessed November 9, 2016. http://www.historyisaweapon.com/defcon1/fraserresign.html.
ハワード・ジン、アンソニー・アーノブ『肉声でつづる民衆のアメリカ史』下巻（寺島隆吉・寺島美紀子=訳、明石書店、2012）
・Hedges, Chris. "Power Concedes Nothing Without a Demand" *Truthdig*, March 14, 2011. http://www.truthdig.com/report/item/power_concedes_nothing_without_a_demand_20110314.

New York Times.

原理3　経済の仕組みをつくり変える

・Lahart, Justin. "An End to the Focus on Short Term Urged." *Wall Street Journal*, September 9, 2009. http://www.wsj.com/articles/SB125244043531193463. Copyright © 2009, Dow Jones & Company. Reprinted by permission.
・Smith, Adam. *An Inquiry into the Nature and Causes of the Wealth of Nations*. London: W. Strahan and T. Cadell, 1776.
アダム・スミス『国富論』第一巻（水田洋＝監訳、岩波文庫）
・Bank for International Settlements. *Mr. Greenspan Presents the Views of the Federal Reserve in Its Semi-annual Report on Monetary Policy, February 26, 1997*. Accessed November 10, 2016. http://www.bis.org/review/r970305b.pdf.

原理4　負担は民衆に負わせる

・Nilsson, Jeff. "Why Did Henry Ford Double His Minimum Wage?" *Saturday Evening Post*, January 3, 2014. http://www.saturdayeveningpost.com/2014/01/03/history/post-perspective/ford-doubles-minimum-wage.html.
・Terrell, Ellen. "When a Quote Is Not (Exactly) a Quote: General Motors." *Inside Adams* (blog), Library of Congress, April 22, 2016. https://blogs.loc.gov/inside_adams/2016/04/when-a-quote-is-not-exactly-a-quote-general-motors/.
・Citigroup. *Plutonomy: Buying Luxury, Explaining Global Imbalances*. New York: 2005. https://docs.google.com/file/d/0B-5-JeCa2Z7hNWQyN2I1YjYtZTJjNy00ZWU3LWEwNDEtMGVhZDVjNzEwZDZm/edit?hl=en_US.
・Standard & Poor's. *Economic Research: How Increasing Income Inequality Is Dampening U.S. Economic Growth, and Possible Ways to Change the Tide*. New York: 2014. http://www.ncsl.org/Portals/1/Documents/forum/Forum_2014/Income_Inequality.pdf. Copyright © 2014 Standard & Poor's Financial Services LLC.

原理5　連帯と団結への攻撃

・Smith, Adam. *The Theory of Moral Sentiments*. London: A. Millar, 1759. http://www.econlib.org/library/Smith/smMS1.html.
アダム・スミス『道徳感情論』（高哲夫＝訳、講談社学術文庫、2013）
・Social Security Act of 1935, Pub. L. No. 74-271, 49 Stat. 620 (1935).
・Servicemen's Readjustment Act of 1944, Pub. L. No. 78-346, 58 Stat. 284 (1944).

原理6　企業取締官を操る

・Hacker, Jacob S., and Nate Loewentheil. *Prosperity Economics: Building an Economy for All*. Creative Commons, 2012. Accessed November 9, 2016. http://isps.yale.edu/sites/default/files/publication/2013/01/2012-prosperity-for-all.pdf Reprinted. (Creative

出典

原理1　民主主義を減らす

・Yates, Robert, and John Lansing. *Secret Proceedings and Debates of the Convention Assembled at Philadelphia, in the Year 1787*. Cincinnati: A. Mygatt, 1844. https://archive.org/details/secretproceedin00convgoog.
・"From Thomas Jefferson to William Short, 8 January 1825." Founders Online. Last modified October 5, 2016. http://founders.archives.gov/documents/Jefferson/ 98-01-02-4848.
・Martin, Thomas R., with Neel Smith and Jennifer F. Stuart. "Democracy in the Politics of Aristotle." In *Démos: Classical Athenian Democracy*, edited by C. W. Blackwell (Anne Mahoney and Ross Scaife, eds., *The Stoa: A Consortium for Electronic Publication in the Humanities* [www.stoa.org]). Last modified July 26, 2003. Accessed November 16, 2016.
・Aristotle. *Politics*. Edited by R. F. Stalley. Translated by Sir Ernest Barker. Oxford: Oxford University Press, 2009.
アリストテレス『政治学』(山本光雄=訳、岩波文庫、1961)
・Somerset v. Stewart, (1772) 98 E.R. 499 (K.B.).
・Malcolm X. "'Democracy is Hypocrisy' speech." Alexander Street video, 6:00. Accessed November 15, 2016. http://search.alexanderstreet.com/preview/work/2787244.　Reprinted by permission of the Estate of Malcolm X.
・King, Martin Luther, Jr. *A Testament of Hope: The Essential Writings and Speeches of Martin Luther King, Jr*. Edited by James M. Washington. San Francisco: Harper & Row, 1986. Copyright © 1986 by Coretta Scott King, Executrix of the Estate of Martin Luther King, Jr. Reprinted by arrangement with The Heirs to the Estate of Martin Luther King, Jr., c/o Writers House as agent for the proprietor New York, NY.
ハワード・ジン、アンソニー・アーノブ『肉声でつづる民衆のアメリカ史』下巻(寺島隆吉・寺島美紀子=訳、明石書店、2012)
・Nelson, Gaylord. Speeches and other documents on Earth Day, 1970. Gaylord Nelson Papers, MSS 1020. Wisconsin Historical Society. http://www.wisconsinhistory.org/turningpoints/search.asp?id=1671.

原理2　若者を教化・洗脳する

・Powell, Lewis Franklin, Jr. *Confidential Memorandum: Attack on American Free Enterprise System* (*Powell Memorandum*). Washington, DC: 1971. http://reclaimdemocracy.org/powell_memo_lewis/.
・Crozier, Michel J., Samuel P. Huntington, and Joji Watanuki. *The Crisis of Democracy: Report on the Governability of Democracies to the Trilateral Commission*. New York: New York University Press, 1975.
『民主主義の統治能力—その危機の検討』(綿貫譲治=訳、サイマル出版)
・Schwarz, Alan. "Attention Disorder or Not, Pills to Help in School." *New York Times*, October 9, 2012. http://www.nytimes.com/2012/10/09/health/attention-disorder-or-not-children-prescribed- pills-to-help-in-school.html. Reprinted by permission of the

や行

ら行

わ行

ネーダー、ラルフ（消費者運動家、大統領候補）……50, 64, 67
ネルソン、ゲイロード（「地球の日」の提唱者）…36, 46
農地改革……26
ノーキスト、グローバー（全米税制改革協議会会長）……140

は行

バークシャー・ハサウェイ（投資会社）……94
バークレー校（カリフォルニア州立大学）……54
バーネイズ、エドワード（『プロパガンダ』）……226, 227, 229, 230, 242
パウエル、ルイス・F・ジュニア（『パウエル覚書』、最高裁判事）……49, 60, 63
パウエル覚書（パウエル）……49, 63, 203, 237
ハグルンド、マーガレサ（「女性へのタバコ販売戦略」）……229, 244
暴露：巨額の選挙資金と2013年の大統領選挙（『オルタネット』誌、ファーガソン他）……194, 195
走る列車に乗っていて中立でいることはできない（ジン）……285
ハッカー、ジェイコブ・S（『繁栄の経済学』）…149, 173
パッカード、バンス（社会学者「子どもは代理セールスマン」）……246
バフェット、ウォーレン（バークシャー・ハサウェイ社CEO）……94
バン=トゥルダー、ロブ（『世界再編の論理』）…162, 176
繁栄の経済学：すべての人のための経済（ハッカー&ロウエンセイル）……173, 174
バンガード・グループ（投資会社）……95
「反米的」「反アメリカ的」……58, 59
ヒューム、デイビッド（『道徳、政治、文学についての論考』）……225, 241
ヒル、ジョージ・ワシントン（米タバコ会社社長）…244
貧困層……109, 165, 172 209
ファーガソン、トーマス（「暴露：巨額の選挙資金と2012年の大統領選挙」）……187, 194
フォーチュン誌……64, 162, 176
フォード、ヘンリー（フォード社長）……102, 117
フォックスコン社……81
復員軍人援護局……135, 136
ブッシュ、ジョージ・W（大統領）……55, 158, 207
不動産担保証券MBS……165
ブラジル……58, 107
フリーダム・ライド運動……258
プリケアリアート……102, 106
プルトノミー（金持ち経済圏）……102, 103, 106, 118-120
プルトノミー：世界経済の不均衡、商売するなら金持ち経済圏で（シティグループ）……118-120
フレーザー、ダグラス（「企業側は一方的な階級闘争を選択した」）……206, 220
ブレトンウッズ体制……75
プロパガンダ（エドワード・バーネイズ）……227, 242, 243
分業……211, 212
米国上院「銀行・住宅・都市問題」委員会での証言（グリーンスパン議長）……97, 98
ページ、ベンジャミン・I（「アメリカの政治理論を検証する」）……277
ペイリン、サラ（副大統領候補）……238
ベブレン、ソルスタイン（政治経済学者「よい消費者をつくりだす」）……229
ヘリテイジ財団……155
ペンタゴン（米国防総省）……135, 136
報酬・賃金……67, 68, 97
法人（〜という名の「ひと」）……182, 183, 192
ボーグル、ジョン（バンガード・グループ創設者）……94
保護貿易は是か非か（『国富論』、スミス）…177, 178
ホワイト、ハリー・デクスター（ブレトンウッズ協定の締結、アメリカ代表）……75

ま行

マッカーシズム……204
マディソン、ジェイムズ（大統領）……24-27, 29, 30, 37, 227, 237
マルクーゼ、ハーバート（左翼学者）……50
マルコムX（「演説：民主主義は偽善だ」）……43, 269
マンスフィールド卿……34, 42
民営化……127, 128, 132, 136
民衆に対する二つの態度（ウィリアム・ショートへの手紙、ジェファソン）……39
民主主義の行き過ぎ……50, 51, 69
民主主義の危機：民主主義の自己統制力を考察する（三極委員会の報告書）……66-71
民主主義の発達不全をもたらすもの（アリストテレス『政治学』第六巻第五章）……41
民主主義を減らす……23, 31, 32
民主政体論者……28
民主制と寡頭制を分けるもの（アリストテレス『政治学』第三巻第八章）……40, 41

た行

な行

さ行

索引

あ行

か行

著者紹介

ノーム・チョムスキー

政治哲学者、活動家、言語学者であるノーム・チョムスキーは、真実を追求する姿勢と優れた思想で世界中から敬愛されている。1928年12月7日、ペンシルベニア州フィラデルフィアで生まれ、ペンシルベニア大学で言語学、数学、哲学を学び、1955年、博士号を取得。その後、マサチューセッツ工科大学で50年間教鞭をとり、現在は名誉教授、かつMIT特別栄誉教授（インスティチュート・プロフェッサー）。その言語学的研究は革命的で幅広い信用を得、政治に関する著作は数十年にわたり重要な貢献をしてきた。2001年には『9-11』を出版し、彼の最初の世界的ベストセラーとなり、おそらく「ポスト9-11」の本の中で最も大きな影響力を持つ1冊となった。その他『Profit Over People』『Media Control』『Hegemony or Survival』『Failed States』『Hopes and Prospects』『Masters of Mankind』『What Kind of Creatures Are We?』『Who Rules the World?』など政治に関するベストセラー著作も多数。

原書

訳者紹介

寺島隆吉（てらしま・たかよし）

1944年生まれ。東京大学教養学部教養学科（科学史・科学哲学）卒業。元岐阜大学教育学部（英語教育講座）教授。現在、国際教育総合文化研究所所長。岐阜大学在職中に、コロンビア大学、カリフルニア大学バークリー校、サザン・カリフォルニア大学客員研究員。ノースカロライナ州立農工大学（グリーンズボロ）、カリフォルニ州立大学ヘイワード校日本語講師などを歴任。

著書：『学習集団形成のすじみち』（明治図書）、『英語教育原論』『英語教育が亡びるとき』『英語で大学が亡びるとき』、監修『寺島メソッド 英語アクティブラーニング』（以上、明石書店）、シリーズ『授業の工夫』全6巻、『英語にとって学力とは何か』『英語にとって授業とは何か』（以上、三友社出版）、シリーズ『英語音声への挑戦』全6巻、『国際理解の歩き方』、『英語にとって文法とは何か』『英語にとって音声とは何か』『英語にとって評価とは何か』『英語にとって教師とは何か』（以上、あすなろ社）、共著『センとマルとセンで英語が好き！に変わる本』（中経出版、全国学校図書館協議会選定図書2004年度）など多数。

訳書：『チョムスキー、21世紀の帝国アメリカを語る』（明石書店）。共訳：『チョムスキーの教育論』『肉声でつづる民衆のアメリカ史』『アフガニスタン、悲しみの肖像画』（以上、明石書店）、『衝突を超えて― 9・11後の世界秩序』（日本経済評論社、日本図書館協議会選定図書2003年度）など多数。

寺島美紀子（てらしま・みきこ）

津田塾大学学芸学部国際関係論学科卒業。現在、朝日大学経営学部教授。東京大学客員研究員、イーロンカレッジ客員研究員（アメリカ、ノースカロライナ州）を歴任。

著書：『いのち輝き――お母さん　ボクがまだ生きているよ』（労働旬報社）、『ロックで読むアメリカ――翻訳ロック歌詞はこのままでよいか？』（近代文芸社）、『Story Of A Songの授業』『英語学力への挑戦――走り出したら止まらない生徒たち』『英語授業への挑戦――見えない学力・見える学力・人間の発達』（以上、三友社出版）、『英語「直読直解」への挑戦』（あすなろ社）、共著『センとマルとセンで英語が好き！に変わる本』（中経出版）など多数。共訳：『チョムスキーの教育論』『肉声でつづる民衆のアメリカ史』（以上、明石書店）、『衝突を超えて――9・11後の世界秩序』（日本経済評論社）。

アメリカンドリームの終わり

あるいは、富と権力を集中させる10の原理

発行日　2017年10月15日　第1刷

Author | ノーム・チョムスキー

Translator | 寺島隆吉+寺島美紀子

Book Designer | 加藤賢策

Publication | 株式会社ディスカヴァー・トゥエンティワン
〒102-0093 東京都千代田区平河町2-16-1 平河町森タワー11F
TEL 03-3237-8321（代表）　FAX 03-3237-8323　http://www.d21.co.jp

Publisher& Editor | 干場弓子

Marketing Group
Staff　小田孝文　井筒浩　千葉潤子
飯田智樹　佐藤昌幸　谷口奈緒美　古矢薫
蛯原昇　安永智洋　鍋田匠伴　榊原僚
佐竹祐哉　廣内悠理　梅本翔太　田中姫菜
橋本莉奈　川島理　庄司知世　谷中卓
小田木もも

Productive Group
Staff　藤田浩芳　千葉正幸　原典宏　林秀樹
三谷祐一　大山聡子　大竹朝子　堀部直人
林拓馬　塔下太朗　松石悠　木下智尋
渡辺基志

E-Business Group
Staff　松原史与志　中澤泰宏　中村郁子
伊東佑真　牧野類

Global & Public Relations Group
Staff　郭迪　田中亜紀　杉田彰子　倉田華
鄧佩妍　李瑋玲

Operations & Accounting Group
Staff　山中麻吏　吉澤道子　小関勝則
西川なつか　奥田千晶　池田望　福永友紀

Assistant Staff
俵敬子　町田加奈子　丸山香織　小林里美
井澤徳子　藤井多穂子　藤井かおり
葛目美枝子　伊藤香　常徳すみ　鈴木洋子
内山典子　石橋佐知子　伊藤由美　押切芽生
小川弘代　越野志絵良　林玉緒

Proofreader | 株式会社鷗来堂
DTP | アーティザンカンパニー株式会社
Printing | シナノ印刷株式会社

ISBN978-4-7993-2183-6